Xiashuzhang Yu Zhongguo
Gonggong Guanlixue

# 夏书章
# 与中国公共管理学

朱正威　马骏◎主编

版权所有　翻印必究

### 图书在版编目（CIP）数据

夏书章与中国公共管理学/朱正威，马骏主编.—广州：中山大学出版社，2018.7

ISBN 978-7-306-06307-6

Ⅰ.①夏…　Ⅱ.①朱…②马…　Ⅲ.①夏书章—学术思想—研究②公共管理—研究—中国　Ⅳ.①K825.46②D63

中国版本图书馆CIP数据核字（2018）第038404号

| | |
|---|---|
| 出 版 人： | 王天琪 |
| 策划编辑： | 嵇春霞 |
| 责任编辑： | 陈　霞 |
| 封面设计： | 林绵华 |
| 责任校对： | 李先萍 |
| 责任技编： | 何雅涛 |
| 出版发行： | 中山大学出版社 |
| 电　　话： | 编辑部 020-84110283，84111996，84111997，84113349 |
| | 发行部 020-84111998，84111981，84111160 |
| 地　　址： | 广州市新港西路135号 |
| 邮　　编： | 510275　传　真：020-84036565 |
| 网　　址： | http://www.zsup.com.cn　E-mail: zdcbs@mail.sysu.edu.cn |
| 印 刷 者： | 佛山市浩文彩色印刷有限公司 |
| 规　　格： | 787mm×1092mm　1/16　11.5印张　177千字 |
| 版次印次： | 2018年7月第1版　2018年7月第1次印刷 |
| 定　　价： | 42.00元 |

如发现本书因印装质量影响阅读，请与出版社发行部联系调换

# 目 录

## 上编 夏书章的学术道路与学术品格

第一章 求学与学术成长 ·················································· 3
  第一节 接受中小学教育 ············································ 3
    一、中小学阶段 ················································ 3
    二、辍学阶段 ·················································· 4
    三、高中求学阶段 ·············································· 5
  第二节 从中央大学到哈佛大学 ······································ 7
    一、艰辛求学路 ················································ 7
    二、赴美求学 ·················································· 11
  第三节 从教生涯的开始 ············································ 14

第二章 求索与学术追求 ·················································· 17
  第一节 经历课程改革 ·············································· 17
  第二节 院系调整中的思考 ·········································· 19
  第三节 遭遇十年"文化革命" ······································ 24

第三章 求真与学术青春 ·················································· 27
  第一节 致力于恢复重建政治学、行政学 ······························ 27
  第二节 推进行政管理学体系的建设和发展 ···························· 31
    一、行政管理学骨干力量的培养 ·································· 31
    二、行政管理学教科书的编制与专业设置 ·························· 32
    三、西方现代行政管理理念和方法的引进与借鉴 ···················· 33
    四、行政管理学会的筹建 ········································ 34
  第三节 拓展公共管理学科的新领域 ·································· 36
    一、理论拓展 ·················································· 37

二、方法拓展 …………………………………… 39
　　三、MPA 教育推动 ……………………………… 40
第四章　夏书章的学术精神与品格 ………………………… 44
　第一节　负重前行、独立严谨的学术精神 ……………… 44
　第二节　谦和宽厚、匡助后学的学者风范 ……………… 46
　第三节　国际视野与本土化相结合的学术追求 ………… 48
　第四节　理论性与实践性高度统一的学术品格 ………… 50

## 中编　夏书章与中国公共管理学的重建与探索

第五章　夏书章与中国公共管理学的重建 ………………… 55
　第一节　重构中国公共管理学的教学内容与课程体系 …… 56
　　一、重建中国公共管理学科的坎坷历程 ……………… 56
　　二、中国公共管理学科的教学内容与学科体系 ……… 61
　第二节　重建中国公共管理学的教学队伍 ……………… 77
　　一、开展短期培训 ……………………………………… 78
　　二、建立专业基地 ……………………………………… 79
　　三、中国首届 MPA 班 ………………………………… 81
　　四、身体力行，教书育人 ……………………………… 85
　第三节　组建中国公共管理学的学术共同体 …………… 87
　　一、筹建中国行政管理学会 …………………………… 87
　　二、指导学术杂志的发展 ……………………………… 90
　　三、助力其他学术团体的发展 ………………………… 92
　　四、激励新一代公共管理学者 ………………………… 93
第六章　夏书章对中国公共管理学科体系的探索 ………… 96
　第一节　确定公共管理学科体系的基调 ………………… 96
　　一、强调社会主义大管理的概念 ……………………… 97
　　二、坚持以马克思主义为学科建设指导思想 ………… 98
　　三、坚持密切联系中国现实国情 ……………………… 99

四、强调要批判地引入国外先进行政学理论……………… 101
第二节　梳理公共管理学科体系的脉络……………………… 103
　　一、深化公共管理学的内涵…………………………………… 103
　　二、拓展公共管理学的外延…………………………………… 107
　　三、阐明公共管理学的研究重点……………………………… 112
　　四、规范公共管理学的研究方法……………………………… 113
第三节　拓展公共管理学的分支学科……………………… 115
　　一、市政学……………………………………………………… 115
　　二、人事行政学（或称"人事管理学"）…………………… 119
　　三、高等教育管理学（或称"高等教育行政学"）………… 125
　　四、知识管理…………………………………………………… 128
　　五、行政成本与廉政建设……………………………………… 131

## 下编　夏书章学术思想的传承与拓展

**第七章　直面真实问题的行政学品格**……………………… 137
　第一节　问题意识与公共管理学的重建、发展……………… 137
　第二节　中国情境下的真实问题……………………………… 140
　第三节　根植中国问题的方法论启示………………………… 143

**第八章　坚持公共管理学的中国话语**……………………… 145
　第一节　传统文化资源与中国公共管理学的叙事基础……… 145
　第二节　国家治理变革中的公共管理学建构………………… 149
　第三节　地方性与全球化相结合的知识生产………………… 155

**第九章　夏书章的学术探索对我们的启发**………………… 160
　第一节　治国理政与公共管理学科的定位…………………… 160
　第二节　范式整合与学科成长………………………………… 165
　第三节　新时代中国公共管理学需要深入研究的几个问题
　　………………………………………………………………… 168
　　一、执政党的制度体系对国家行政管理活动的影响……… 169

二、中国共产党人的执政价值形态与中国公共管理的
　　价值理性……………………………………………… 170
三、公共治理中的社会主义民主发展……………………… 170
四、政府职能转变中的制度创新与理论建构……………… 170
五、社会治理过程中的"国家—社会"关系 ……………… 171
六、合作治理的逻辑、路径与制度供给…………………… 171
七、人类命运共同体思维中的比较公共管理学…………… 171

**结　语**…………………………………………………………… 173

夏书章教授在我国率先界定了行政管理学的学术概念，坚持中国行政管理学的"西为中用"和"古为今用"；重建并发展了中国行政管理学科体系，编撰出版了改革开放后首部行政管理学教科书和行政管理学专著，培养了大批优秀的行政管理师资队伍，为我国行政管理学科的长足发展培育了中坚力量。作为中国行政管理学会的第一届核心领导成员，夏书章教授筹建并引领了中国行政管理学会的发展，为我国行政实践改革提供了有力的支持。

——2016年复旦管理学终身成就奖颁奖词

# 夏书章的学术道路与学术品格

# 第一章　求学与学术成长

## 第一节　接受中小学教育

1919年1月20日（农历戊午年12月19日），夏书章出生于一座历史悠久的小镇——有着"中华诗词之乡"美誉的江苏省高邮县（现为高邮市，属扬州管辖，后同）送桥镇。这个古典、淳朴且富诗意的小镇，不仅带给他不一样的童年，更是他一生求知之途起飞的地方。夏书章父亲名诗杰，字汉三，母亲陈氏，名诚。本来，夏书章在家中排行老三，后因二哥夭折，大哥过继到老长房，他也便成为事实上的长子。"书章"之名，是颇通旧学的父亲取的。根据"礼义传家远，诗书继世长"的序列，夏书章的"书"字，当属辈分，夏父给他们兄弟4人分别名为文、章、华、国。父亲在大门上张贴的对联"文章华国，诗礼传家"的上联，便是他兄弟四人的名号。

### 一、中小学阶段

1925年，夏书章进入高邮县第五学区第三小学读书，在1929年以第一名的优异成绩毕业于四年制小学。1930年转入城里县立一小，第二年又以第一名的成绩毕业。在小学阶段的一个小插曲对夏书章在读大学时的学科选择和后来的学术生涯产生了潜移默化的影响：在县一小高小毕业前，学校有一项课外活动，将校园作为一个"市"，名"致用市"（因其前身为"致用学堂"）。学生在教师指导下自选"市长"，管理全校"市政"。夏书章在此活动中曾被选为"市长"，萌生了他把行政管理尤其是市政管理作为人生价值实现的途径的想法。

1931年春夏书章父亲病逝（年仅30余岁），家道中落，生活突然失去依靠。病故的父亲，尽管没有为夏书章留下任何家产，但父亲的品格、意志，却给夏书章以深刻的影响。少年丧父、家道中落的贫困生活，使夏书章几经辍学，在艰难中成长。但艰苦的生活经历，不但没有使他消沉，反而激发了夏书章勤奋上进的求学欲望和积极乐观的人生态度，在中小学阶段，他的学习成绩总是优秀的。就在这一年，12 岁的夏书章考入著名的江苏省省立扬州中学读初中。

1931 年，正是救亡运动风起云涌之年，也是中国内忧外患、任由列强欺凌之年。9·18 事件爆发，日军占领东北。1932 年 1 月 28 日，日军进攻上海，国民党第十九路军在淞沪英勇奋战，中华大地群情激愤。年少的夏书章深深地意识到，中国之所以被列强欺凌，根本原因在于国家弱势、政府腐败。当夏书章听到外国人说"中国不是主权国家，只是一个地理名词"的时候，被深深地刺痛了——国家病了，需要医治，可是，我们该如何医治这个积贫积弱、满目疮痍的国家呢？正是这段内忧外患的少年经历，在夏书章年轻的心里埋下了一颗种子，一个朦胧的想法，就是要学习政治专业，做一个能够给国家诊治病痛的"医生"。当时的夏书章，虽尚未成年，但仍可见他的鸿鹄之志。时至今日，夏书章依旧回忆说"那是一种非常天真单纯的想法"。

夏书章高小毕业后，考上了当地最好的初中"扬州中学"，出于对知识的强烈向往，他不顾困难负笈远行。求知若渴的夏书章在扬州中学"童子军"中，常常因在全省露营和各种比赛中表现突出而名列前茅。可是，由于生活越来越困难，读了两年初中的夏书章，限于家庭经济条件，不得不辍学了。

## 二、辍学阶段

1933—1935 年间，夏书章辍学在家。辍学期间，他也未曾停止对知识的渴求，继而奋发自修。在这段时间里，夏书章经常在廉价书市搜集大量古典名著潜心阅读，为日后的研究奠定了深厚的文化基础。就在这样窘困的环境下，夏书章的母亲在操持全家生活的同时，变卖首饰尽力支持子女的学业。在夏书章 14 岁的时候，由于天气原因，城里的老师经常无法来乡间给孩子们上课。于是，机缘巧合，初小和初中成绩都名列前茅且胸怀抱负的夏书章得到了一个与自己一辈子结缘的工作——教书。这一年，夏书章 14 岁半，作为"代课老师"走上了三尺讲台，成了学生口中的"小老师"。与讲台结缘，以及"夏老师"的称呼也就从那一年开始。

### 三、高中求学阶段

在少年夏书章的眼里，南京，是"外面的世界"，是求知的地方，更是一个梦想开始的地方。怀揣梦想的夏书章，想到外面闯一闯。1935 年，16 岁的夏书章费尽力气凑了路费来到南京，想找一份正式的工作。起先他在一家报馆，应聘到一个校对员的岗位。但当他兴冲冲赶去上班时，却被告知校对员的岗位已经不需要人了。而这个时候他的身上已经没有回家的钱了。

命运总是更加眷顾那些有梦想而且踏实努力的人。在困难的日子里，夏书章参加了南京《首都学生》期刊征文比赛，他以《我的故乡》一文，从一个少年对当时社会现实的观察、分析中，发出了他对社会变革的最初思考和呐喊，这次征文比赛，夏书章获得了第三名。夏书章每每回忆起这段经历，总会激动地说："当时南京有征文比赛，我一篇文章居然得了第三名，给我十块大洋，这是两个月伙食费了"。获奖后的夏书章没有用这十块大洋买车票回家，而是咬牙坚持留在了南京继续拼搏。他用一块五毛钱买了一套新衣服，剩下的钱用作生活费。在家人的支持鼓励下（夏书章的母亲在操持全家生活的同时，变卖首饰尽力支持子女的学业），对知识热切渴望的夏书章做了一个决定：报考高中。20 世纪 20 年代的中国，教育机构支持同等学力考试，学习经历不同，但知识水平和学习能力达到要求的同等程度的学子，可以参加相关程度的升学考试。于是，夏书章坚持自学初中全部课程。对读书的渴望以及良好的学习基础，让夏书章以高分考上了南京最好的高中——"南京第一中学"。

入学后，新的问题接踵而至，高中时期的学费怎么办？生活费怎么办？这些问题使年少的夏书章束手无策。幸运的是，夏书章遇到了一个好校长,当时南京第一中学的校长为品学兼优的他免去了学费,并且还帮夏书章找到了一份在民众夜校教书的工作。白天,夏书章是高中生;晚上,夏书章在一墙之隔的夜校做老师。回忆起那段一边求知若渴,一边传道授业的日子,夏书章说道:"当时,为了保持优异的成绩免学费,白天我的学习是十分刻苦的;晚上,为了维持求学的生活,我要备课上课,都是比别人晚睡的。"在南京第一中学的日子,对于夏书章来说,是充满了辛苦与收获的。也许正是追求知识路上的诸多不易,才让他"昼夜转换上课"的高中岁月,如今想来回味悠长。

1937年,抗日战争爆发,夏书章的求学之路又一次被中断。刚结束高二课程学习的夏书章被迫又一次回到家乡,继续在乡间执掌教鞭。日寇入侵南京,制造了震惊世界的"南京大屠杀"。大江两岸兵荒马乱,国民政府迁都重庆。南京失守后夏书章先是暂居高邮,后来逃亡至乡下。但这炮火连天的岁月,激荡起了夏书章心中对家国的挚爱,也让他的人生目标更加明确。他没有因为战争而停止求知的步伐。在战火纷飞中,从1938年到1939年,夏书章在江苏省非沦陷区兴化中堡庄临时高中,靠半工半读学完高中课程,顺利地完成了高中学业。

尽管求学路上困难重重,但夏书章并未放弃继续深造的信念,执意参加统考,继续学业,以寻找救亡图存之策。在这一目标的引导下,夏书章穿过沦陷区的重重阻碍,冒着随时会葬身于日寇轰炸的危险,只身抵达上海。

当时的上海,由于外国租界众多,1939年还没有被日寇占领,成为当时中国一个相对安宁的"孤岛"。出身贫苦的夏书章不敢像富家子弟那样,来到安宁的上海就对高考掉以轻心,他借宿在同学的亲戚家,夜以继日地看书、学习、备考。1939年在华东考区的上海,夏书章以优异的成绩考上了心仪已久的国立中央大学(今南京大学,后同)。报考志愿的时候,夏书章的第一志愿是"国立中央大学",第二志愿是"西南联大",第三志愿是"交通大学",夏书章回忆说:"我学习非常努力,成绩很好,我从小学、初中、高中都是名牌学校,差的大学学校都不会考虑,当时最好的学校就是中央大学,我以高分收到了第一志愿的录取通知书。"

在专业选择时,夏书章选择了政治学专业。这么多年,夏书章一直相信,在政治学领域,可以实现他"上医医国"的追求。"我高中时成绩很好,没有选择热门的理工科,同学们都很不解。""民族要复兴,国家要兴旺,就需要医治国家的医生。"每当回忆至此,夏书章眼中都透露着坚定。他从小佩服孙中山。"孙中山真的是20世纪中国的三大伟人之一。外国人说他是中国的华盛顿,可他推翻了旧政权,华盛顿也不能跟他比啊。""孙中山一次又一次地发动革命,多少次胜利在望。他留下了一句话:'革命尚未成功,同志仍需努力。'""我欣赏《国语·晋语》中的一句话,叫'上医医国,其次医人'。孙中山以前学医,后来搞政治,他是从'医人'转为'医国'。"夏书章一生都沿着这条路上下求索,可谓"正道直行"。

## 第二节 从中央大学到哈佛大学

### 一、艰辛求学路

1939年秋,因为"中央大学"已经随着国民政府迁到了重庆,作为中央大学新生的夏书章要到他心仪的大学读书,还有很长一段艰难而崎岖的旅程。

那时的中国,山河破碎、战火纷飞。从上海到重庆,这个在现在仅需两小时的飞行路程,夏书章当时走了两个多月,七十二拐,九死一生[①]。1940年的中国,日本全面侵华,沦陷区众多。从上海到重庆,上有敌机轰炸,下无顺畅交通。当时的富家子弟,可以选择从上海到香港,再到越南的河内坐火车去昆明,然后从昆明到重庆,这条路绕过了沦陷区,相对安全快捷。但夏书章没有这个条件,他和同行

---

① 中山大学团委:《夏书章:我的青春在烽火年代求学》,2015年5月3日,http://www.010lm.com/roll/2016/1005/3761247.html,2017年8月20日。

的同学们，以轮船打工者的身份混进了上海前往宁波的意大利籍轮船。到宁波之后，他们已没有继续前行的路费。于是，夏书章和同学们拿着录取通知书向相关机构求助。就这样一路求助，一路打工，一路行走，从上海到浙江转江西，再到湖南去广西，经贵州抵达重庆，头上是随时可能落下的炮弹，脚下是不知何时能抵达的求学路。从上饶到衡阳的路上，夏书章求助军队提供了车票；从柳州到贵阳的路上，夏书章和同学们是给烧木炭运输车加水的小工……值得一提的是，当时国人对于学生十分同情与赞赏，不管是意大利籍船上的工人们，还是非沦陷区的机关部门，还是贵阳路上的运输车司机，他们都极其照顾这批千里求学之子，并给予了很大的帮助①。"从贵阳到重庆的路，不像现在这样的安全平坦，那时候颠簸危险，到处都存在翻车的危险性，上面还有日寇轰炸，一路上历经九死一生，我们终于到了重庆。"当再次回忆起踏上大学之路的艰辛困苦时，夏书章神情淡然宁静，但仍旧可以看到他眼里的坚毅与勇敢。

由于路途诸多波折，原本9月份应该报到的夏书章，11月份才抵达重庆。历时两个多月最终到达学校的夏书章已经错过了许多课程，不得不选修别的院系的课程来代替学分。在中央大学校园里，他开始了新的求知之旅。

夏书章一直很感佩周恩来总理"为中华之崛起而读书"的理念，一生以振兴中华为己任。夏书章对列强欺凌、政治昏暗的现实产生了深切忧虑，他认为认真研习政治学有助于振兴华夏，遂激发了"想学好政治，让中国强大起来的念头"。在那个年代的中国，大学最热门的专业是"工、理、经济"，然而深受古人"修身、齐家、治国、平天下"影响的穷学生夏书章却选择了"政治学"。这一抉择虽然天真，却倾注着满腔热忱。当时政治系的课程大致可分三类：一是理论（包括历史、制度等）；二是国际（包括外交、国际组织等）；三是行政（包括市政、行政法等）。选修课侧重于行政方面。入学后，所有

---

① 中山大学团委：《夏书章：我的青春在烽火年代求学》，2015年5月3日，http://www.010lm.com/roll/2016/1005/3761247.html，2017年8月20日。

中央大学的学生都需要参加国文和英文的资格考试，如果成绩不合格就得重修。因为基础过硬，夏书章顺利地通过了考试。由于入学迟到了近三个月，很多课程已经开始进入结课阶段，甚至有的开始期末考试了，学校为沦陷区过来的学生，另外开班授课补学分。同时，夏书章的系主任还同意让他学习其他学科以补学分。国文和英文不用重修，新开班修学分，跨学科修学分，让夏书章比一同从上海去重庆的同学们都早一年毕业，在四年中顺利修完大学学业，这也为他后来的求学治学奠定了多学科广阔的视野。"跨学科修学分在当时是很好的，文科的学生一定要学一门自然科学，理科的学生需要学习一门文科，在大学打好基础。"在中央大学深造的夏书章，犹如来到了知识的海洋，孜孜不倦地汲取着精神食粮。

在大学期间，夏书章深知孟老夫子"苦其心智，劳其筋骨，饿其体肤"的深刻内涵，对餐餐"平价米"、顿顿"八宝饭"（其中包含谷子、稗子、砂子、虫子、老鼠屎）的艰苦学校生活并未感到难以忍受，他生活在对未来的理想和求知的渴望之中，甚至于因为饮食问题做了阑尾炎手术，成了天涯"断肠人"之后，还以能获得丰盛的精神食粮而快慰①。

1941年，夏书章在大学学习期间，日军偷袭了珍珠港，太平洋战争爆发。上海"孤岛"和香港地区相继被日寇占领，"歌舞升平"的陪都重庆在"前方吃紧"的危急关头依然"后方紧吃"。研修政治学的夏书章和许多爱国学子一样，对国民党政府的腐败政治深恶痛绝，对《新华日报》发出的正义之声和广大民众罢工、罢课及示威游行时愤怒的呐喊感到无比振奋。他将苦难中酝酿的梦想，蕴含在与同学们激扬文字、振臂而呼的期望里。就在这样的辛勤付出和埋头苦读中，依靠战时政府对没有经济来源学生的"贷金"和勤工俭学，夏书章度过了俭朴而又收获满满的四年大学生活。他以《德国从民主到独裁的剖视》为题，运用政治学和行政学的理论完成他的学位

---

① 李功耀：《锦书承志钦泰斗 华章济世启学人——记中山大学教授、"中国MPA之父"夏书章先生》，载《财政监督》2002年第12期。

论文。1943年,夏书章从中央大学法学院毕业。

每每谈起在重庆"国立中央大学"读书的那段岁月,夏书章总会幸福地回忆起与夫人汪淑钧教授相识、相爱的往事。夏书章和汪淑钧女士最初是国立中央大学的同班同学。大学期间,他们班上只有两位女同学,汪淑钧便是其中一位。"我们学习的时候并没有恋爱,双方对彼此的印象都不错,当时她也是学习特别用功。"出生于湖北应城县(现为应城市)汪家山的汪淑钧,原本是一名大家闺秀,良好的家境,教会学校的培养、熏陶,使她气质高雅、生性活泼、聪慧过人,对音乐、体育、游戏、阅读、写作样样在行。她既无羞涩娇柔之气,亦无妆镜描眉之好,不羡惊鸿之容颜,但求动魄之诗文,大有"敢将文采驳男子,不把风姿斗女郎"之气概①。夏书章以自己的才华、能力和老成练达,吸引了青年汪淑钧的目光;同时以优异的成绩、出色的演讲水平和勤勉刻苦的求知精神,赢得了汪淑钧的芳心。动荡年代的那段青葱岁月,两个有着共同志趣的年轻人,共同学习、追求知识,"愿得一人心,白首不相离"显得格外珍贵。

毕业后的夏书章不仅报国无门,甚至找不到专业对口的工作。社会上"僧多粥少"、机关里人浮于事的现实,使夏书章联系政府机构和企业单位的尝试都告失败。在同学的介绍下,1943年底,夏书章和汪淑钧一起在重庆附近的中学教英语。在艰苦的环境中,汪淑钧与穷得叮当响、连自来水笔和邮票都买不起的夏书章由同学到同事,再由同事到结为伉俪。乡间中学的艰苦生活,丝毫没有消磨夏书章的抱负和追求,中央大学的专业学习和当时社会的吏治腐败,使他认识到"国家之败,由官邪也";并深信,只要建立健全文官制度,学习并运用好行政学这门新兴学科知识,中国的许多问题便可较好地解决。由此,他萌生了继续深造并主攻行政学的决定。1944年初,国民政府放开了对于大学生出国留学的限制,出于对知识的渴求,夏书章决定申请赴美留学。1944年1月,他申请到了赴芝加哥大学攻读行政

---

① 中山大学团委:《夏书章:我的青春在烽火年代求学》,2015年5月3日,http://www.010lm.com/roll/2016/1005/3761247.html,2017年8月20日。

学研究生的机会。

接到赴美留学通知时，夏书章和汪淑钧结婚才一个多月。新婚宴尔，刚开始营造幸福的小家庭，为了求学，又要开始一段异地两国的相守。曾有同学问汪淑钧："你放心你家老夏出国？他要是变了，你怎么办？"汪淑钧说："要变在哪里都会变，我相信老夏不会变。"没有过多华丽矫情的言辞，汪淑钧继续选择一个人在重庆的中学教英语，选择支持夏书章异国留学，选择等待自己的爱人求学归来，"有妻如此，夫复何求"。事实证明，夏书章和汪淑钧是两位才高志大的伴侣，他们一起经历了贫穷、失意、动荡、劳碌、琐碎与平淡的考验，携手走过了近80年的风雨历程。这期间，有同窗的甜蜜，有怨离愁别的痛苦，有天灾人祸的打击。但不论颠沛流离的磨难还是功成名就的辉煌，他们总是相互呵护、支撑和激励。汪淑钧在退休多年后，还在回忆文章中赞誉夏书章不屈不挠、坚忍不拔的意志和意气风发的神采。当年他们结婚时，没有优渥的家境，一张布躺椅、一个洗脸盆、一张小木桌、两条长凳架起的木板床便是他们开始新生活的全部家当。对丈夫多年默默地支持、理解和信任，使汪淑钧婚后不久就勇敢地带着希冀和祝福，送夫君踏上赴美留学之路。

## 二、赴美求学

当夏书章踏上赴美求学的旅途时，"第二次世界大战"尚未结束，旅程凶险莫测。"那时候在船上，上面有日军飞机的轰炸，下面有潜艇和水雷的威胁，我们吃饭、睡觉和上厕所都穿着救生衣，随时都做好沉船落水的准备。"夏书章怀揣着执着的追求和远大的抱负，乘飞机从重庆起飞，跨越喜马拉雅山到印度，再乘船经过三大洋（印度洋、南太平洋、大西洋）、三大洲（亚洲、澳洲、美洲），当在波士顿上岸时，夏书章不禁有劫后余生的感觉[①]。国家内忧外患，积贫积弱，出国路上"九死一生"，正是这些经历让青年时期的夏书章

---

① 李功耀：《锦书承志钦泰斗　华章济世启学人——记中山大学教授、"中国MPA之父"夏书章先生》，载《财政监督》2002年第12期。

意识到，现代中国面临着难以想象的困难和挑战，更加强化了他投身国家治理研究的决心。

每每回想起这段经历，夏书章总是感叹，从过去国家的贫弱落后，到今天的繁荣昌盛，中国的发展成就是与不断完善不断进步的国家治理紧密相关的。正是因为一生跨越了两个截然不同的发展时代，夏书章不仅见证了中国由弱到强的巨大变迁，也一直致力于带领我国的公共行政研究和学科从发展走向繁荣。

夏书章赴美留学的首个目标学校是美国芝加哥大学。因为行政学兴起于美国，而第一本公认的行政学教科书《行政学导论》的作者 Leonard White（伦纳德·怀特，1891—1958）当时正在芝加哥大学任教。在赴芝加哥的途中，夏书章途经波士顿。历史悠久、学风严谨的哈佛大学引起了他浓厚的兴趣。波士顿周边大学有众多的中国留学生和华裔学者、教授，良好的交流和沟通环境也使夏书章下决心选择哈佛大学深造。经过申请和层层选拔，夏书章顺利地进入哈佛大学著名的利陶尔（Littauer）公共管理研究生院（20世纪60年代后更名为肯尼迪政治学院），攻读行政管理学。

在哈佛大学读研期间，夏书章潜心学习西方国家先进的行政学和市政学理论，深入研究了解美国公共管理等方面的实践经验教训，他不仅努力学习西方先进的市政学以及公共行政学相关理论，同时也研习城市管理以及相关的预算制度，为他后来在行政学科方面的卓越建树奠定了坚实的专业理论基础。此外，他作为专业研究生，还加入了美国公共行政学会（American Society of Public Administration），可以更加便捷地与公共行政专业的专家、学者、地方官员以及学生探讨交流。由于波士顿的地理位置（是州政府的所在地）优势，夏书章有各种机会前往州政府实习，经常访问所在市政府并参观市政设施，更加直接地接触到美国的治理实践。

美国当时实行的市政体制是城市经理制，城市经理制的主要特征是市议会聘任一位城市经理，把行政权授予城市经理行使，城市经理对市政府和城市实行专业化管理①。由于夏书章班里有一位同学恰巧是该市的"城市经理"(City Manager),城市经理主管本市的所有市政相关业务,相当于市内掌握管理实权的市长,这为夏书章更加直接深入地了解美国政府的运行和管理以及治理程序提供了良好便捷的平台。在美国求学的这几年,夏书章不仅学习了丰富的公共行政、城市治理等相关理论,而且深入治理工作的一线,积累了扎实的实践经验。此外,在学习专业知识之余,夏书章对哈佛大学在长期办学中形成的学术地位、声誉和环境优势,饶有兴味地进行了分析研究。几十年以后,他在担任中山大学副校长和政府公共事务学院名誉院长时,也在努力实践他年轻时的积累和抱负。

在赴美的行囊中,夏书章不仅带着对祖国、对人民的责任,也带着笛子和箫两种民族乐器。在哈佛大学学习之余,课堂休息或者朋友聚会上,抑或是在实习期间,他不时以一曲悠扬的笛声或箫鸣,表达他对故土、对灾难深重的祖国和家乡亲人的思念之情。课业压力也从来都没有磨灭夏书章对国家的思念以及浓浓的爱国热忱。当他在一本周刊的新闻地图中看到我国东北三省被无端地印上"满洲国"字样时,立即致函予以谴责,使该周刊的编者深深领教了一个中国留学生的民族自尊和炽烈的爱国热忱②。

在美国,哈佛大学的教育和学习方法与国内大为不同。有别于我国传统教育中注重对知识的积累灌输,国外教育更注重培养学生运用知识的实际能力,对权威的质疑与批判精神,以及拓展和创造精神。传统的讲授相比国内较少,课堂教学多以讨论的形式完成。在课后,各门课程的教授都指定了大量的阅读书目以补充学习,同时还要基于此完成课程论文和读书报告等。在美国学习的过程中,夏书章有很多机会实习考察,实地调研,积累了来自不同地方的治理经验。

1945年8月15日,中国抗日战争宣告胜利,日本宣布无条件投

---

① 布穷:《美国市经理制简析》(硕士学位论文),吉林大学行政学院2007年,第20页。

② 李功耀:《锦书承志钦泰斗 华章济世启学人——记中山大学教授、"中国MPA之父"夏书章先生》,载《财政监督》2002年第12期。

降。"初闻涕泪满衣裳,漫卷诗书喜欲狂。"夏书章倍感激动与兴奋,拳拳报国之心更加急切。由于当年交通条件所限,回国之路道阻且长,夏书章只能怀揣着致力于家国建设的炙热之心,一边等待着回国的良好时机,一边努力搜集资料,撰写毕业论文。时隔半年左右,1946年1月,夏书章完成了他的学位论文《中国战时地方政府》(英文),并顺利通过哈佛大学答辩,获得了 MPA(公共管理硕士)学位。夏书章是第一个获得哈佛大学 MPA 学位的中国人,也是我国最早在异国获得行政学硕士学位的中国留学生。毕业后,由于夏书章就读期间优异的学习成绩、良好的实践表现以及出色的综合素质,给哈佛大学的教授心中留下了良好的印象。由于这个年轻的学子朝气蓬勃,刻苦踏实,学术上的潜力和冲劲,所以申请办理博士研究生入学没有任何问题。然而,莘莘学子情,拳拳报国心,使夏书章坚定信念,"不如归去"!他迫切地希望把自己在美国所学的理论和国外成熟的治理经验付诸实践,从而完善和促进我国的城市管理和行政管理相关改革。

面对一个百废待兴的祖国,夏书章放弃了继续留在美国深造的机会,毅然决定踏上回国的路程,用所学知识报效国家。妻子汪淑钧也十分支持丈夫的决定,由于当时回国的人太多,夏书章等待了差不多一年的时间终于坐上了"自由轮"号轮船,从美国奔赴上海,而汪淑钧则从重庆赶往上海。1946年,分别三年的夫妇终于得以团聚,并从此相伴相随不分离,携手共同在科学研究、"管理救国"的路上并肩前行。

## 第三节 从教生涯的开始

哈佛大学毕业后,获得 MPA 学位的夏书章,本来可以留在美国继续攻读博士学位,但抗战胜利的喜讯,使他兴奋不已,报效国家的决心让夏书章迫切希望将所学理论付诸实践,以促进自己祖国的发展和进步,所以,获得学位不久,他就毅然回国。

命运一次又一次地与他开起了玩笑,意气风发的夏书章没有想到，国内在抗战结束后不久，随即而来的是中国历史上一场规模空前的内战。1946年前后，国内时局的动荡和常年战争带来的创伤，使社会形势动荡不安。当年国民政府的腐败积重难返，让这位留洋归来的学子为生计所迫，饱尝求职的艰辛。他辗转于上海、南京、徐州、杭州等地，满腹学识却无用武之地。夏书章后来回忆起当时回国处处碰壁的求职路，说道："国民党当时不得人心，连资产阶级那套都不要的！他们搞的是真独裁！"深受西方民主思想以及先进行政学研究熏陶的夏书章，深切感到了国民政府腐败、山河破碎以及城市管理和建设的满目疮痍，这使得他一直埋藏在内心最深处的"管理救国"理想幻灭。行政学是一门应用性极强的学科，空有一套理论是没用的，要从实践中来，到实践中去，如果学的知识都不能派上用场，那这学习还有什么价值呢？没能在国民政府中谋得差事的夏书章，屡屡陷入苦闷之中。

然而，儿时经历造就了夏书章坚韧乐观的精神，使他无论在面对任何困难时仍旧保持本真，不改初心，无怨无悔。作为一个有志气、有气节、有远大抱负的爱国青年才俊，夏书章一直坚守着，他坚信只有与同胞一起承受民族的苦难，才能不断超越自我，向上奋进。每当到生命中何去何从，进退两难的关键时刻，夏书章总是选择回到他最爱的讲台，继续践行他"上医医国"的精神理念，这次，他亦选择了这三尺讲台。1946年下半年到1947年上半年，夏书章在江苏学院教了一年书。1947年7月，国立中山大学到南京去招聘老师，夏书章被聘为政治学系教授，开始了他作为行政管理学教授的学者生涯，并全心全意投入到行政管理的教学与研究之中。

夏书章之所以选择在中山大学任教，是因为这座以孙中山先生命名的高等学府，对自小崇拜孙先生的夏书章而言，有着强烈的吸引力，是一个理想的去处。当年孙中山先生为了培养革命和科学文化建设的人才，创办了两所学校。其一为黄埔陆军军官学校，不管是东征还是北伐，国民革命军的军官身先士卒、所向披靡。其二就是创办了现中山大学的前身——国立广东大学。学校吸引了一大批知名学者、教授前来任教，用革命的现实理论武装青年学生，为当时建设新国家培养了大批优秀人才,也输出了一大批具有新理念、新方法的文官群体。中山大学也是当时中国最大的三所大学之一(其余为北京大学和南京大学的前身中央大学)。① 因此,夏书章和妻子汪淑钧将中山大学的讲台,当作自己为国为民做贡献的地方。自此,他们再也没有离开过这所学校,在中山大学的校园里多了一对一起作学术、一起过日子的伉俪,在细腻隽永如流水般的日子里,他们相互搀扶支持,携手走过了近 80 个年头。夫妻俩孜孜以求,尽心尽责,赢得了同行和学生的交口赞誉。

夏书章在中山大学政治学系任教期间,具体教授三门课程:行政学、行政法以及市政学。教学之余,他将课程的有关内容与当时的社会实际相结合,撰写发表了《美国市政展望》《战后西班牙之市政建设》《公共秩序与市政建设》《工作情绪与行政效率》《泛论简化行政机构》等学术文章,开始了他对中国行政学的积极探索。他还积极支持国统区反内战、反饥饿、反迫害的进步运动,发表了《公教人员薪给问题之理论与实际》《论裁员》《官僚制度与民主政治》等政论与学术结合的文章,表现了一个进步知识分子强烈的社会责任感。在中山大学几十年的教学生涯中,夏书章经历了广州解放、"三反五反""文化大革命"、改革开放等一系列国家和社会发展的重大事件,在这过程中,他所在的学科被撤销过,"十年文革"期间他也挨过批斗,但不论任何顺意荣光或失意愤懑的时刻,他都与他挚爱的祖国、人民以及三尺讲台站在一起。时至今日,与讲台结缘近 70 余年,百岁的夏书章依旧活跃在公共行政研究领域以及他挚爱的讲台上。

---

① 中山大学团委:《夏书章:我的青春在烽火年代求学》,2015 年 5 月 3 日,http://www.010lm.com/roll/2016/1005/3761247.html,2017 年 8 月 20 日。

# 第二章　求索与学术追求

1949年7月广州解放了,同年10月中华人民共和国诞生了。夏书章教授和当时所有的中国进步知识分子一样,对中华人民共和国的成立欢欣鼓舞,他们从中看到了国家和民族的希望和未来。夏书章积极投身于土地改革、抗美援朝、知识分子的思想改造等运动中。他还应广州市人民政府市长叶剑英之邀,受聘担任市政建设计划委员会委员,甚至计划编写《新市政学大纲》,他希望自己所钟爱的行政学能在中华人民共和国的建设中发挥积极的作用。但在那个特殊年代里,他的良好愿望遭受了冷遇,院系调整后政治学、法学、社会学等学科的教学研究长期停办,尤其是"十年文革"的浩劫,使他一直为此"纳闷"。直到邓小平同志提出"赶快补课",才解开这个思想"疙瘩"。

## 第一节　经历课程改革

中华人民共和国成立初期,中共中央领导对旧有高等教育事业大规模的改造,开始以苏联高等教育为蓝本重建社会主义高等教育体系。期间,各高校的课程改革伴随着城市地区解放和政府接管高校工作展开。在北平解放初期,以北京大学、清华大学、北京师范大学、燕京大学等为代表的十余所高校便开始酝酿课程改革,1949年6月在原有北平文管会的基础上成立了华北高等教育委员会,明确提出"坚决改造、逐步实现"的改造旧大学教育总方针[①],此后,在高等

---

① 陈泓:《北京各大学的课程改革工作》,载《人民日报》1949年10月17日,第4版。

教育委员会的指导下各高校多次围绕课程改革展开研究。会议反思了过去教育与实践相脱节的情况，一致认为今后大学的教育与课程设置应紧紧围绕国家建设的需要，建议各高校教学研究部门与国家业务部门紧密配合，并加设马克思主义基本原理和政策知识课程。

在此基础上，华北高等教育委员会开始逐步引导各高校文法和教育等课程改革，成立了文学、历史、哲学、法律、政治、经济、教育七个课程改革研究小组，并于1949年10月颁布了《各大学专科学校文法学院各系课程暂行规定》①，推动了取消反动课程、精简现有课程、加强对师生的政治思想教育等改革。

但是，经历了初步改革之后的高等学校在人才培养方面表现出来的问题并没有得到解决。形势要求中央教育部在对前一阶段课程改革经验做出总结的基础上，进一步明确高等教育的方针与任务，推动高等学校课程改革，使之与经济、政治、文化建设相配合。正是在这种背景下，教育部在京召开了全国高等教育会议，全面启动了课程改革。相对于前一阶段的课程改革，此次改革涉及范围更广、层次更深、相关要求也越来越明晰。1950年6月召开的第一次全国高等教育会议上，修订了文法学院各系课程，拟定了理工学院各系课程与专修科课程草案，最终通过了《关于实施高等学校课程改革的决定》的政策文件。该文件要求各高等学校的课程设置："应密切配合国家经济、政治、国防和文化建设当前与长期的需要，在系统的理论知识的基础上，实行适当的专门化，应根据精简的原则，有重点地设置和加强必须的和重要的课程，删除那些重复的和不必需的课程和内容，并力求各种学科的相互联系和衔接。"然而，为了满足国家建设对专业人才的需求，大多高校呈现出急于求成的趋势，具体表现为大学教育专科化，"为专门业务部门培养专业人才而教育"的取向，这种取向对于人文社科类的领域教学和研究产生了巨大影响，主要体现在人文社科教育的综合性和人才需求专业化的矛盾上。

在以改革教学内容为核心的课程改革中，夏书章教授以及他所钟

---

① 赵京：《1949—1955年高校课程改革研究》，载《现代大学教育》2011年第1期。

情一生的行政学教学与研究，受到了重要的影响。1950 年起，夏书章教授所在的中山大学法学院政治学系应教育部政策文件要求开展了课程改革，在他所任教三门课程中，除"市政学"暂未改动外，"行政学"改为"行政组织与管理"，"行政法"改为"政策法令"。在这次课程改革中，行政学的教学走向了人才培养专门化，诚然，这对于当时经济落后、工业薄弱、国家组织尚不健全的中国来说有利于更快地培养专业人才，并推动国家机器的良好运行与行政组织的健全，在一定时期具有其合理性。但是过度的单一性、专业化本身就是对行政学或社会科学所要求的综合性的挑战，这种培养方式从长期来看存在明显的局促性。

## 第二节 院系调整中的思考

伴随着院系调整和专业设置，1952 年秋各高等学校展开了学习苏联经验的教学改革。这次教学改革涉及教学制度、教学内容、教学方法、教学组织等一系列的改革，而其"中心要求在于改进教学内容"①，"实行新的教学计划，采用苏联的教学大纲和教材，乃是高等学校教学改革的关键"②。根据"发展专门学院、整顿和加强综合性大学"的方针，全国高等学校进行院系调整。期间，凡是与资本主义有关系的"旧的社会科学"均受到冲击，那些曾被中国早年知识分子引进与学习的人文社科类专业基本被全盘否定。具体在课程设置上，新的改革取消了社会学、人类学等被视为资产阶级的课程，像教育学、经济学等学科及其研究方法，若存在苏联的社会主义学派与资本主义学派分歧的，基本采取支持苏联学派、批判资本主义学派的态度。此外，很多当时苏联没有设置的课程项目均被取消，部分课程因

---

① 佚名：《全国高等工业学校行政会议关于稳步进行教学改革提高教学质量的决议》；何东昌：《中华人民共和国重要教育文献（1949—1975）》，海南出版社 1998 年版，第 231 页。

② 佚名：《高等学校的教学改革应当稳步前进》，载《人民日报》1953 年 1 月 22 日，第 1 版。

内容涉及资本主义国家政治经济情况，比如国际关系等，也没有受到应有的重视。

我国各高校的政治学系就是在这次改革中被取消的，当时参照苏联的高校教育模式，将国家建设问题、宪法法律问题、西方的议会政府、中国政治思想史、西方政治思想史以及国际法等课程，全部集合在大学的法律系里进行讲授。尽管这些课程并没有取消，但政治学却不再作为一门独立科学而存在了。中山大学的政治系在这种形势下也停办了，大部分教师调至其他大学，夏书章教授被留在中山大学，开始改任马列主义基础课的教学工作。

转行后的夏书章教授边学边施教，并未忘记他钟爱的政治学与行政学科。在积极努力地投入新的教学的过程中，由于他工作出色，1956年他光荣地加入了中国共产党。夏书章教授结合马列主义基础课的教学，撰写了《共同纲领和宪法在社会主义事业中的作用》《加强行政法科学研究》《要改变教学方法》等文章，其中，《加强行政法科学研究》一文更是体现了夏书章教授对行政学科在国家建设中作用的深层思考，也反映出了他对于行政学不忘初心的追求。他在该文中提及：当时，涉及国家问题、政府组织问题与宪法问题的课程都集合在个别大学的法学院，法律学科虽然在学科领域中占有重要的地位，但是也仅仅是在少数的综合大学里设置了法学专业，所有的专门政法干校和综合大学里的法学专业总量远远不能满足国家的建设和发展。依据对马克思列宁主义学说的深度研读，夏书章教授先后重申了马克思主义对于国家管理问题的重视，"要有成效地实行管理，除了善于说服民众以外，除了善于在国内战争中获得胜利以外，还须善于实际地进行组织工作"①，"社会主义国家的经济组织和文化教育的职能以及加强我国国防力量的任务，都是通过苏维埃机关来实现的。没有一个接近人民的、工作效率很高的、安排妥善的、组织很好的机

---

① 列宁：《列宁文选两卷集》（第2卷），人民出版社1954年版，第375页。

关，就不可能管理社会主义建设的任何部门①。"

早在1928年，毛泽东同志在"井冈山的斗争"中就明确指出："以后党要执行领导政府的任务；党的主张办法，除了宣传外，执行的时候必须通过政府组织"②，无论是革命经验的总结还是五年规划的制定，中国共产党都很重视改善国家机关工作与推进国家建设各项职能之间的密切关系。因此，夏书章教授提出："行政管理问题的研究是十分重要的，也具有极强的现实意义"，"从如何才能达到革命目的的角度出发，联系到政权问题及行政法与实现国家职能的关系来考察，加强行政法科学研究工作的重要意义是显而易见的"。③ 在如何加强我国的行政法学科建设的论述中，夏书章教授认为，除了借鉴和学习苏联的成功经验以外，还必须考虑到国家建设的特殊性，比如社会主义建设、工农业与文化建设的组织工作，以及中央与地方的关系等多个层面均存在其特殊性，由此理论联系实际，将学科建设与社会主义建设相结合是首要条件。夏书章教授在那个时代呼吁确立中国行政法体系，在具体的推进工作中，他认为可以先从搜集、整理和翻译国内外有关行政法科学的研究资料着手，批判地对待旧中国出版过的行政法书籍，"我们固然要参考苏联法学家批判资产阶级行政法观点的意见，对于各人民民主国家在这方面的工作也值得注意"④。夏书章教授呼吁各个综合性大学开设更多的法律学系，并在此基础上成立与业务部门紧密合作的法学研究室，尤其是与行政法相关的研究室，从而推动我国行政法学科和实践获得真正意义上的长足发展。

除了对国家发展和学科建设的思考，夏书章教授亦不忘三尺讲台，他在《要改变教学方法》一文中对于当时的人文社会科学教学方法也提出了独到见解。他认为，过去以讲授为主的马列主义课程教

---

① ［苏］赫鲁晓夫：《苏共中央向党的第20次代表大会的总结报告》，人民出版社1956年版，第100页。
② 毛泽东：《井冈山的斗争》，人民出版社1975年版。
③ 夏书章：《加强行政法科学的研究工作》，载《法学研究》1957年第2期，第41～44页。
④ 夏书章：《加强行政法科学的研究工作》，载《法学研究》1957年第2期，第41～44页。

学渐渐难以满足当时需求，"在读书之风日盛的情况下，相应地应该改变教学方法，看起来颇有必要"①，当时的教师根据"教学大纲"系统全面、详尽无遗地向学生传授课程，而学生在面对如此的讲授后认为该学的已经学到了，以至于本来应该由学生反复精读的书本、文件变得可读可不读，对于已经学习的知识"生吞活剥"、不去反复推敲，长久以来导致教师"照本宣科"、学生不愿动脑思考的局面。夏书章教授认为："应该在教师与学生都积极读书的基础上展开教学活动"②，脱离照本宣科的讲授方法，教师和学生就可以对书中的思想和观点展开交流或者交锋，学生在学习过程中遇到难以解决的问题时，教师的指导和帮助才会显得尤为重要，虽然比"念讲稿"与"背笔记"要求更高，但这才是"大有出息的'麻烦'"，它可以推动大家更为认真地读书和学习。如此引导，教师和学生就能够刻苦钻研、认真读书、独立思考，最终使读书有所心得，教师与学生就可以相互探讨、教学有所相长，从而达到教师"教然后知困"、学生可以"学然后知不足"。夏书章教授对于教学方式的追求来自于其施教的亲身经历，其追求的教学方式即使在今天也是各高校所倡导的教学方式。

  1960年第一学期起，夏书章教授在重新开办的哲学系担任副系主任，分管政治学专业。此时重新开办的政治学专业，主要是面对高校学生讲述马克思列宁主义的经典课程，并不涉及政治学学科领域其他方面的问题，也没有设置相应的传统政治学教学内容。在此期间，夏书章教授重读列宁的专题论文《中国的战争》，并在此基础上发表论文《列宁关于辛亥革命的科学预见》；基于毛泽东的《关于正确处理人民内部矛盾的问题》等经典革命著作，发表论文《学习、学习、再学习，团结、团结、更团结》，回应了当时如何调整国内人民内部矛盾的重要问题，对于区分人民内部矛盾和敌我矛盾的问题，提倡大家对于《关于正确处理人民内部矛盾的问题》等著作再次深入研读。

  1962年政治学专业再次停办，夏书章教授只好转而思考关于伦

---

① 夏书章：《要改变教学方法》，载《教学与研究》1959年第7期，第6～7页。
② 夏书章：《要改变教学方法》，载《教学与研究》1959年第7期，第6～7页。

理、道德方面的问题,他在担任中山大学副教务长的同时,先后发表了《阶级与道德》《略论伦理思想理论领域的阶级斗争》《略论功利主义的阶级性》等文章。

《略论功利主义的阶级性》主要回应了当时国内阶级斗争的一些问题,但是其中也不乏一些对经典政治、伦理问题的深度思考。文中,他将边沁的功利主义思想与当时的利己主义概念进行了区分和辨析,他认为18世纪形而上学唯物主义的法国思想家为了推动当时的反封建、反宗教运动,主张当时合理的利己主义或将个人利益与公共利益进行结合,但在资本主义社会,这种观点逐步被庸俗化。引用毛泽东同志的话:"唯物主义者并不一般地反对功利主义,但是反对封建主义的、资产阶级的、小资产阶级的功利主义,反对那种口头上反对功利主义,实际上抱着最自私、最短时的功利主义者的伪善。"① 在此基础上,夏书章教授就时下的言论发表了自己的观点:功利主义并不仅存在于资本主义社会,社会主义建设者也有自己的功利主义追求,核心在于这种功利主义是否跳脱了狭隘的某一阶级的功利主义,是否追求无产阶级革命的胜利和全世界无产阶级的解放,只要是对无产阶级、对人民群众有利就应该得到欢迎和倡导。

《阶级与道德》对我国从古至今的道德观念演进展开系统梳理,文章的核心是通过对马克思列宁主义经典的辨析,与刘节先生《怎样研究历史才能为当前政治服务》一文展开了观点的交锋。在此文中,夏书章教授对中国传统道德观的本意进行了论述,结合辩证唯物主义的理论辨析其中意义,行文中不难看出夏书章教授丰厚的伦理学和政治学素养,其严谨的治学态度在当年的研究环境下着实令人钦佩。他还与妻子汪淑钧女士合译《列宁斯大林为马列主义政党的理论基础而作的斗争(1908—1912)》(A. 粤库洛夫)、《1917—1920年间美国争夺世界霸权计划的失败》(A. E. 库尼娜)、《美国在远东战争策源地形成中的积极作用》(G. N. 赛伏斯奇雅诺夫)等俄文著作。

---

① 毛泽东:《毛泽东选集》,人民出版社1953年,第886页。

在当时的中国，有一个奇怪又很不合逻辑的现象：一方面，多年来反复强调"政治挂帅""突出政治"，另一方面却又不要真正意义上的政治学。过分强调政治的"斗争性"，而不讲政治的"科学性"。不重视甚至认为根本不需要学者们对政治问题进行认真的研究。这个时期，最让夏书章教授困惑和不解的就是中国大学取消和停办政治学学科，用他的话说就是：很是"不解和感到纳闷"。

## 第三节　遭遇十年"文化革命"

十年"文化大革命"（以下简称"文革"）期间，整个国家、社会陷入了一场空前的浩劫和灾难。1966年6月开始，各高校和中学的学生率先起来"造修正主义的反"。在很短的时间里，由学生成立的"红卫兵"组织蜂拥而起，到处揪斗学校领导和教师，一些党政机关受到冲击。这场运动很快从党内推向社会，社会动乱开始出现。在这场浩劫中，夏书章教授也在一夜间成了"反动学术权威"。他遭受过批斗、被关过牛棚，也被下放到粤北的"五·七干校"劳动改造。期间，夏书章教授的妻子汪淑钧经常跑几十里山路去给他以安慰，虽然他个人和家庭在此期间饱受苦难，但他始终保持着乐观、豁达的态度，始终对人生和事业保持信心，并在这场浩劫中不断追求"管理救国"的梦想和钟爱的行政学研究。正如他后来所说的："我在'文革'中虽然不断地受到批判，但我始终热爱我们的国家、我们的党，因为那场浩劫中'左'的做法，不能代表共产党。"透过十年"文革"的特殊经历，夏书章教授没有把思考和批判局限在对个人痛苦和家庭的不幸遭遇上，而是作为一个清醒的政治学、行政学者，从更深层次思考造成这场民族空前灾难的原因是什么，如何避免类似的社会和政治悲剧再次发生，从而更坚定了他坚守政治学、行政管理学的责任感和使命感。

经历了"文化大革命"苦难的岁月后，1978年，夏书章教授发表文章《重温毛主席关于宪法的教导，学习五届人大通过的新宪法》，体现了他对于国家内乱的深刻反思，对于"四人帮"期间带来的国家政治混乱，他深感对于新宪法展开深入、认真的学习十分必要。国家行政机关以及国民群体对于新宪法的遵守和学习是动荡之后的中国平稳发展的保障，也是保证国家正常运行以避免类似悲剧再次发生的必需。"社会主义民主和加强社会主义法制，相辅相成，并不相悖，是促成大治局面不可或缺的两个重要方面"①，对于五届人大通过的新宪法，夏书章教授认为其制定过程凸显了民主要求，宪法内容本身"总结了经验，也结合了原则性、灵活性，具有一定的民族特色"。

夏书章教授于1979年发表了《伦理学与四个现代化》，这篇文章是他在十年"文化大革命"后对恢复和重建政治学、伦理学等相关社会科学的第一次呼吁。"四人帮"及其所施行的文化专制主义深刻影响了中国伦理学的发展，不仅仅是社会道德观念受到了极大的负面影响，伦理学的研究和教学工作也遭受到了前所未有的破坏。粉碎"四人帮"后，《光明日报》发表了关于中国社会科学院哲学研究所等单位召开伦理学座谈会的消息，会议要求加强共产主义伦理学教育，以及展开伦理学研究，使之为四个现代化服务的要求。这一会议被学界视为打倒"四人帮"后，哲学社会科学得到解放的讯息，夏书章教授在文中直言道："其所以可喜，一方面，这又一次表明，全国各条战线、各门学科的同志们，都在认真思考对实现四个现代化积极做出本身应有的贡献；另一方面则表明，越来越多的人已经注意到，四个现代化也确实需要各种重要的社会条件和精神因素，如社会秩序和社会风气等的密切配合，才能顺利地施行，其结果才能得到维护巩固和发展"。

夏书章教授在文中充分论述了伦理学对于保证国家社会稳定的重要意义，伦理学教育对于广大青年保持良好精神面貌的重要意义。他认为，推进社会主义四个现代化的建设，一定要有正确的政策法令和合理的规章制度作为保障，但只有这些是不够的，一方面这些法律规定即使制定得十分具体，但难免会有遗漏的地方，哪怕凡事有章可

---

① 夏书章：《重温毛主席关于宪法的教导，学习五届人大通过的新宪法》，载《中山大学学报（哲学社会科学版）》1978年第3期，第1～5页。

循,也会有自觉维护、积极遵守和消极对待与钻空子的态度差别。为此,在发扬社会主义民主与加强法制建设的同时,他特别重视国家与个人之间的社会层面思考,并提倡通过社会公德、伦理道德建设来填补国家与社会之间的空缺,从而使人们对社会主义社会发展和建设维持积极向上的精神面貌、全身心投入四个现代化的建设之中。对于"四人帮"带来的社会动荡,夏书章教授也提倡大家从伦理道德的角度展开深入反思、批评并吸取教训。

该文的重点是夏书章教授对于伦理学教育与研究的重视与呼吁,"首先,作为大学哲学系的一门重要课程,伦理学应当立即恢复。不仅如此,在高等院校其他有关的系、科、专业,也可以考虑这门课的设置。例如教育学系、政治教育系、法学系、文学系、新闻学系,以及已经恢复的心理学系、社会学系或专业等等,都和伦理学有着密切的内在联系","至于其他院、系、专业,以及一般中、小学和幼儿园,除各级领导都应该高度重视德育以外,教师也有责任结合教学对学生进行包括道德教育在内的思想教育,做到教书又教人"。尤其在理论研究中,由于文化大革命的冲击,伦理学的研究工作中断已久,相关的研究人员不仅科研能力生疏而且青黄不接,夏书章教授认为:"大量的社会调查,有待进行;许多伦理问题和实际问题,有待讨论。要发扬学术民主;要冲破学术禁区。在伦理思想或伦理学说方面,要研究现状,也要研究历史;要研究中国的,也要研究外国的。"他认为,当下最重要的正是及时培养伦理学与相关学科的研究人员,高校可以有计划、有准备地招收一定数量的研究生,这也是今后伦理学学科发展的必然要求。此外,在伦理学的在职教育、社会舆论与家庭教育方面,夏书章教授也给出了切实可行的相关建议。经历了"文化大革命",夏书章教授对于这场民族灾难的深层次原因展开了深入的思考,其中对于恢复伦理学研究的论述体现了他对于国家建设以及对社会发展的思考与批判,他多次呼吁不只是伦理学,其他的人文社会科学对于国家建设、完善社会和培育民族理性都具有重要的意义,尤其是在经历了国家内乱后,这些人文社会科学的教学和研究就显得更为重要,关乎国家发展的方向。

# 第三章　求真与学术青春

改革开放后，夏书章教授先后担任中山大学学术委员会秘书长、副校长，尽管公务活动和教学工作十分繁重，但让他念念不忘的仍是政治学、行政学教学与研究的恢复。"文革"结束，面对百废待兴的局面，他一面以极大的热情致力推动中山大学的对外合作与交流，同时，积极准备，等待恢复、重建公共管理学的时机。早年的求学经历为夏书章教授在公共管理学的建设上提供了国内外完整的理论基础与知识体系；中年时的求索为夏书章教授在中国公共管理学的建设方面提供了丰富的社会经验与学术话语。在改革开放时代，夏书章教授基于已有知识与理论的积累，结合中国的特定环境，以更新、改变、创造的认知与实践能力，试图推动公共管理学的恢复、重建与拓展，促进公共管理学在中国改革发展过程中的理论指导与实践应用。

在这样的历史背景下，夏书章教授在公共管理学上的建设与发展进入了一个新的阶段，具体分为三个历程阶段：首先是政治学、行政学的恢复与重建，其次是公共行政学体系的建设，最后是公共行政学的拓展。

## 第一节　致力于恢复重建政治学、行政学

"文革"结束后，尽快恢复政治、行政学的教学与研究成为夏书章教授的迫切期望，在拨乱反正的思潮下，他积极推动中山大学的对外合作与交流，等待恢复、重建行政管理学的时机。1979 年 3 月 30 日，邓小平在理论务虚会上指出："政治学、法学、社会学以及世界政治的研究，我们过去多年忽视了，现在也需要赶快补课……现在也

应该承认社会科学的研究工作（就可比的方面说）比外国落后了。"①邓小平的讲话使得人文社会科学界群情振奋，也为行政管理学的恢复与重建提供了重要的时机。夏书章教授率先响应邓小平在理论务虚会上的讲话，在 1982 年 1 月 29 日的《人民日报》上发出第一声呼吁："把行政学的研究提上日程是时候了。"② 这一声呼吁，不但打破了中国行政学 30 年来的沉寂局面，恢复了中国行政管理学作为独立学科在学术界的地位，更是迈出了中国行政管理学在发展道路上富有决定性意义的第一步。③

在《把行政学的研究提上日程是时候了》一文中，夏书章教授提出，"行政学作为政治学的分支，'政治方向正确而行政效率不高'是亟须改革的不正常状态"④，就行政效率低这一问题，夏书章教授进一步从行政组织、人事问题、工作方法、机关管理四个方面分析其原因与对策。在行政组织方面，夏书章教授基于行政机构的设置议题展开讨论，提出机构设置的必要性、机构层级、人员分工等作为构成行政组织设置的重要内容，也是影响行政效率的关键所在。此外，干部的挑选、培训、考核、提升、奖惩等也是精简机构、提高效率的重要因素，因此，夏书章认为人事管理问题也是影响行政效率的重要内容。同时，夏书章教授就工作方法与行政效率之间的具体关系进一步展开讨论，认为如何履行各级行政机构和工作人员的职责，关系到整个行政"机器"的效能，而且强调工作方法的选择大有考究，但必须抓住"民主集中制和群众路线必须坚持，集体领导原则应当遵守"的核心要领。最后，夏书章教授认为，要提高行政效率，就必须加强机关管理，而好的机关管理主要体现在良好的机关作风、较强的业务能力、较高的决策水平、较好的工作方法等方面。基于以上分析，夏

---

① 邓小平：《文选第二卷》，人民出版社 1994 年版，第 3~22 页。
② 夏书章：《加强合作治理研究是时候了》，载《复旦公共行政评论》2012 年第 2 期。
③ 薛澜：《全球公共治理：中国公共管理未来 30 年研究的重要议题》，载《公共行政评论》2012 年第 1 期。
④ 夏书章：《当代中国政治和政治学》（上），载《政治与法律》1987 年第 1 期。

书章教授进一步提出，要搞好现代化建设事业，就必须建立、健全现代化管理（包括行政管理）以及实行社会主义法治（包括行政立法），就需要社会主义的行政学和行政法学，因此，把行政学的研究提上日程是时候了①。可以看出，夏书章教授就行政效率议题所展开的学术讨论，旨在论证行政学研究的现实意义，在问题意识、时代感、现实感对中国公共行政学研究具有重要的学术价值②。

这篇文章刊发后，夏书章教授一方面继续发表行政学和行政改革领域的文章，以促进行政管理学的恢复与重建；另一方面，夏书章教授积极讲学授课，组织参与行政管理学科研讨会，通过多种形式揭示中国行政管理学科的研究宗旨与理论精髓，推动该学科的重建与发展。1982 年，夏书章教授先后在《人民日报》《光明日报》《政治与法律丛刊》等重要报刊上接连发表了《机构改革与行政法》《从宪法修改草案看行政立法的任务》《宪法修改草案论副职》《论市政与市政学研究》《论宪法修改草案废除了实际上存在的领导干部职务的终身制》《机构改革与行政学、行政法学的研究》《论领导班子专业化》等一系列行政管理学的文章，更是以政治学家的远见卓识，旗帜鲜明地指出：必须在行政管理领域进行拨乱反正，引发学术界掀起恢复政治学、行政学的求真务实之风。

夏书章教授的呼吁和倡导是中国行政学研究恢复的重要标志，但夏书章教授深知具体的重建工作离不开高等院校与研究组织的切实支持与推进。为此，他与其他老一辈学者集会商讨，联名上书中央，建议在有条件和基础较好的高校率先逐步复办政治学系，通过在高校设置政治学系来系统地培养政治学、行政学人才。与此同时，夏书章教授积极着手筹备成立中国政治学会。1980 年 12 月 24 日，中国政治

---

① 夏书章：《把行政学的研究提上日程是时候了》，载《人民日报》1982 年 1 月 29 日。
② 朱正威、吴佳：《直面中国公共行政学的真问题——夏书章行政学研究的品格与情怀》，载《中国行政管理》2016 年第 11 期。

学会在北京成立，夏书章当选为中国政治学会副会长①，他倡导和鼓励在公共行政管理学科的重建和发展中借鉴国外的优秀理论研究与实践经验，不断加强中国政治学会的国际交流，并率团出访，参加国际会议，将中国政治学会介绍给世界，通过自身的努力为学会发展开拓更为广阔的空间。1980—1981 学年度，他任哈佛大学、纳布拉斯加大学客座教授，在这期间，他不仅促进了这两所大学之间的学术交流，还分别应邀到耶鲁大学、加尼福尼亚大学洛杉矶分校、弗吉尼亚大学、密苏里大学、杜克大学、威廉姆斯学院等院校做短期学术交流与讲学，为中国公共行政管理学科的重建与发展提供了国内外先进的理论参考与实践经验。

  1984 年 8 月，在国务院办公厅和劳动人事部主持召开的全国首次"行政管理学科研讨会"上，夏书章教授有的放矢地建言："不能什么事都和资本主义对着干，认为资本主义国家有政治学和行政学，我们就取消。难道我们就不能有马克思主义的政治学和社会主义的行政管理学？"他反复申述：我国的行政管理和行政学应当有中国特色，作为一门应用性极强的学科，"有必要深刻地了解国情，使理论密切联系实际"。此外，夏书章教授通过切身行动参与筹备行政管理学学科恢复与重建的活动。1985 年《中国行政管理》杂志正式创办，1988 年中国行政管理学会建立，这其中都有着夏书章教授的推动与支持。综上所述，在中国行政管理学的恢复与重建过程中，夏书章先生起到了极为重要的推动作用，这体现了其作为一个中国知识分子所拥有的崇高的学术精神和社会责任。

---

① 夏书章：《把公共管理学研究引向深入》，中国社会科学网，2013 年 02 月 20 日，http://www.cssn.cn/xr/xr_rw/xxrld/201310/t20131026608003.shtml，2017 年 07 月 25 日。

## 第二节 推进行政管理学体系的建设和发展

### 一、行政管理学骨干力量的培养

以夏书章教授为代表的老一辈学者结合当时的具体历史情境，不失时机地将政治学与行政学的恢复与重建工作在短短几年内基本完成。为了进一步推动公共行政学系的建设，他们继续准备和培养行政管理学恢复后所需的师资力量，夏书章教授先后在复旦大学、华东师范大学、华中师范大学、武汉大学、中国政法大学等大学举办的全国性培训班上讲授行政学、人事管理学等课程，为中国政治学、行政学领域培养了一大批中坚骨干。

1982年4月，受中国政治学会委托，在复旦大学举办的具有"亮相、启蒙、播种"作用的全国政治学第一期讲习班，夏书章教授为学员讲授行政学课程，这些学员后来大多成为全国政治学和行政领域中的中坚分子与学科骨干，由此，这期短训班被同行亲切地比作政治学和行政学界的"黄埔一期"。

1982年11月，夏书章教授应邀在教育部委托华中师范学院举办的（中南地区）高级干部进修班，卫生部委托中山医学院主办的全国医科院校校长研讨班，广东省高等教育局委托华南师范大学主办的高校教学管理班以及中南矿冶学院干训班等培训班讲授高教管理学、教学管理等专题；随后还分别在华中师范学院（中南班）、西南师范学院（西南班）、陕西师范大学（西北班）、北京师范大学（华北班）、东北师范大学（东北班）、华东师范大学（华东班）、江西师范大学（江西班）以及杭州师范大学（浙江班）等高校举办研讨班，为公共行政学体系的建设奠定了坚实的行政干部与师资力量基础。

以夏书章教授为代表的老一辈学者在公共行政学体系恢复与建设过程中的努力，引起了国家的高度重视。1983年，中国劳动人事部和中国社会科学院承办了联合国"文官制度改革国际研讨会"，由中国及20多个国家的学者和政府官员参加，这次研讨会直接推动了我国行政学的重建和发展。1984年8月20日，国务院办公厅与劳动人事部在吉林市召开了全国"行政科学研讨会"，这次研讨会提出行政学应是一门独立的综合性学科，此次会议奠定了我国行政学在学术界的学科地位。

## 二、行政管理学教科书的编制与专业设置

中国行政管理学的重建几乎是从零开始的。教科书的编制与学科专业的设置作为公共行政学体系建设的基础工作，成为以夏书章教授为代表的老一辈学者在后续阶段中努力的方向。国内最早出版的行政管理教科书有三本应该载入中国公共管理学的学科史，即1985年夏书章主编、山西人民出版社出版的《行政管理学》，1988年黄达强主编、中国人民大学出版社出版的《行政学》，以及1988年王沪宁和竺乾威主编、上海三联书店出版的《行政学导论》。其中，夏书章主编的《行政管理学》，是国内第一本行政管理学的教科书。

夏书章教授以1982年全国政治学讲习班所讲《行政管理》讲稿为基础，协同黑龙江、吉林、山西、湖南四省社会科学界的部分研究骨干集思广益，于1985年编写出版了国内改革开放后第一本行政管理学教科书。该书以马克思主义为指导，从我国国情出发，借鉴当代各国行政学和行政管理的理论和方法，从行政组织、行政领导、行政决策、人事行政、财务行政、行政方法等方面展开讨论，为行政管理学在中国的恢复重建奠定了理论框架和实质内容。

1986年夏书章教授又在中国政法大学出版社出版了《行政学新论》，这是改革开放后我国第一部系统研究中国行政管理学的专著，填补了我国行政管理学这一学科的空白，并获得中国行政管理学会优秀著作一等奖。

《行政管理学》和《行政学新论》相继出版，它的意义在于，在中国行政管理学重建的时期，阐明了学科思想内蕴，为学科构建了理论框架，都是具有开山意义的经典之作，并且引发了全国行政管理学教材、专著、工具书编写和出版的热潮。

在学科专业设置方面，从1980年的中国政治学学会建立开始，

夏书章教授与参会的老一辈学者就上书中央，建议建立行政学院，设置行政学专业，出版行政学刊物，讲授行政学课程，培养行政学专业管理人才等。在他们多年的呼吁下，从1986年开始，武汉大学、郑州大学等一些高校陆续开始设置行政管理专业并招收本科生。南京大学、厦门大学两校的政治学系得以恢复，中国人民大学的行政管理研究所也得以创建。1987年，南京大学开招政治学与行政学专业的学生，中山大学恢复行政管理专业的招生；1988年6月，中山大学经国务院学位委员会批准，成为我国第一批行政管理学三个博士点之一；1994年起招收硕士研究生，还在新华社澳门分社的支持下招收澳门在职公务员攻读行政管理硕士学位，为澳门公务员本地化培训做出了重大贡献，也为我国大学与境外合作招收行政学在职研究生开了先河。1990年后，一些学校的政治学系学习北京大学和中山大学的模式，纷纷改名为政治学与行政学（或政治与行政管理）系。这些院系在行政学学科的设置和名称更改方面，表明行政学专业逐步得以恢复和重建，这为公共行政学体系的建设奠定了学科基础①。

### 三、西方现代行政管理理念和方法的引进与借鉴

此外，引进、借鉴西方现代行政管理的理念和方法是中国公共行政学体系建设的重要内容。1985年8月，联合国组织在北京召开了世界不同地区的文官制度改革国际研讨会，夏书章教授作为会议顾问应邀出席。同为会议顾问的英国行政学院院长威廉·普洛登博士以《英国行政管理》（约翰·格林伍德和威廉·威尔逊两博士合著）一书相赠，当时这本书在英国也刚出版不久。夏书章教授阅后，对此书十分欣赏，认为此书有不少可取之处，大有参考价值，遂动员夫人汪淑钧教授翻译。译作于1991年12月由商务印书馆出版。夏书章教授欣然在序言中，对全书做出言简意赅的点评："此书理论结合实际的特点非常突出。著者贵能边叙边议，叙中夹议，叙有所据，议有所

---

① 任剑涛：《夏书章与中国行政管理学的重建》，载《中国行政管理》2008年第4期。

指，随时进行分析、比较，陈述利弊得失，阐明应兴应革。既对历史和现状及其演变过程有明确的印象，又对如何改善和发展前景有所思考。应用学科脱离实际固然谈不上应用，而仅仅就事论事也不成其为科学"，"著者引用的有关著作、资料共 300 多种……在很大程度上吸收了现有的研究成果和各家意见，但不同于人云亦云，并无新意，而是有自己的见解"，"直言不讳，如实反映是著者治学态度严肃认真、坦率忠诚的可贵表现"。

夏书章教授将西方的理论方法结合中国的具体情境和实际，对中国的公共行政学科进行探索与研究，并撰写、发表了诸多学术论文、专著和教材，如《管理、伦理、法理》《管理、心理、医理》《行政学新论》《人事管理》《香港行政管理》《新加坡行（市）政管理》《市政学》《市政学引论》《市政管理八议》《中国城市管理》《〈孙子兵法〉与现代管理》《"三国"智谋与现代管理》《行政效率研究》《行政管理学》等，内容涉及政治学、行政学、市政学、管理学等诸多领域；夏书章教授还相继发表了《当代中国政治和政治学》《开展中国行政管理学研究很有必要》《什么是行政管理学？》《政府工作机构必须改革和改革之道》《在改革中建立行政管理科学体系》《创建有中国特色的社会主义行政管理学》《行政管理学的学科建设、参考借鉴和普及提高》《在改革中建立行政管理科学体系》《行政的实质在于行》《略论行政管理学的学科建设、参考借鉴和普及提高》《有中国特色的社会主义行政管理学必须建立和发展》《中国政治学、行政学、市政学世纪末展望》等文章。在这些发表的学术论文中，夏书章教授明确地提出构建中国特色的行政管理学科体系的意义、目标、原则、思路和方法，同时也为探索和构建中国特色的行政管理学体系做出了重要贡献。

## 四、行政管理学会的筹建

在 1984 年 8 月国务院办公厅、劳动人事部于吉林市召开的行政管理学研讨会上，夏书章教授极力呼吁成立全国性的行政管理学会。会后，他作为中国行政管理学会筹备组副组长，为学会的成立积极规划。在以夏书章教授作为主要成员的筹备组的积极参与筹备下，1988年10月13日，中国行政管理学会正式成立，夏书章教授作为声誉卓著的学者当选为副会长。在此后近20年的发展历程中，学会共换届四次，夏书章教授一直担任学会副会长，参与领导学会各项事业，关注学会的发展。夏书章教授十分热心地参与学会的工作，尽管年事已高，但每次开会，他都尽可能地参加，每次参加都会认真发言。实在不能到会，他总会认真地准备一个书面发言，郑重地拜托与会人员代为宣读，几乎每一个与会者都能从中体会到一个老知识分子对学会、对行政管理事业的那份沉甸甸的情感和深深的关注之情。

夏书章教授一贯倡导中国行政管理学会团结全国各方面的力量（包括理论工作者、实际工作者及各方有识之士），强调学会的群众性和广泛性，也十分重视学会服务于改革的宗旨，强调学会研究的理论与实践的密切结合，他主张："中国行政管理学会将是一个群众性的学术团体。"他认定："学会的宗旨，在于加强有中国特色的社会主义行政管理学的研究，积极为我国行政管理改革工作做出贡献，也就是为改革服务。"在夏书章教授及学会同仁的努力下，中国行政管理学会一贯以广泛团结社会各界力量，研究行政管理科学，发挥参谋咨询作用，致力于促进政府管理科学化、法制化、民主化和现代化，并以此作为自己的宗旨开展各项工作。

1988年，鉴于学科发展比较顺利，夏书章教授抓住时机，继续撰文呼吁：《把行政管理学的研究引向深入是时候了》（载《行政管理学新编》序），该文与1982年《人民日报》的文章遥相呼应，在全国大范围内产生了更大的共鸣。他还连续向有关部门建议，提出要设置行政学专业，讲授行政学课程，开展行政学研究，成立行政学院等。此外，还相继发表了《要重视社会主义行政管理的研究》《改革必须研究，研究需要组织》《筹办国家行政学院的时机已经成熟》《把行政管理学的研究引向深入是时候了》，用自己的行动不断推进中国行政管理学的进一步发展，促进公共行政学体系的建设。

在积极参与筹备中国行政管理学会的期间，夏书章教授还热心地参与中国城市科学研究会、中国高等教育学会，中国秘书学会研究会、中国老教授协会等学术活动。而在担任学会副会长期间,夏书章教授还同时担任中国行政管理学会所办学术杂志《中国行政管理》的顾问,为杂志的健康发展出谋划策、尽心尽责,在办刊宗旨、风格定位等方面都给予了明确的指导,他谆谆嘱咐办刊人员:杂志要做到"虚实并举,点面结合","虚实并举"就是要顾及学术性、理论与实践性、应用性的统一,"点面结合"就是要注意到中国行政管理理论和实践中的"热点、难点、疑点、冷点、重点、视点、盲点、优点、缺点",这也充分体现了他一贯倡导和坚持的学会的宗旨。此外,夏书章教授还长期担任学会建立的全国行政学教学研究会副理事长,使学会不仅在整合全国同仁的研究问题、服务改革方面发挥力量,也在培养行政管理学专门人才方面聚集力量,发挥整体优势。

在中央的高度重视以及以夏书章教授为代表的老一辈学者的不懈努力下,1997年教育部制定的新学科目录中,将公共管理从政治学中分离出来,列为管理类学科门类下的一级学科,标志着公共管理及行政管理学科进入了一个新的发展时期。

## 第三节 拓展公共管理学科的新领域

夏书章教授高度重视公共管理学科的理论与学术建设。因此,他不但在公共行政学体系的恢复、重建、发展中贡献自己的关键力量,还根据时代的发展进行探索与研究,促进公共行政学的拓展与创新。

1998年,夏书章教授在《行政人事管理》期刊上发表了《关于世纪之交行政科学的发展问题》的文章,认为结合中国改革开放的实践经验,一方面,行政科学应该拓展研究方法,加强计量方法,发展行之有效的案例法;另一方面,应该加强对政府职能、城市管理、目标管理以及行政决策等问题的研究[①]。这一文章标志着公共行政学逐渐步入拓展和创新的阶段。具体归纳起来,夏书章教授在公共行政

---

① 夏书章:《关于世纪之交行政科学的发展问题》,载《行政人事管理》1998年第8期。

学拓展过程中所做的努力可以分为三个方面：

## 一、理论拓展

夏书章教授主编的《行政管理学》和《行政学新论》，为公共行政学体系的建立与发展提供了理论基础，但他对于中国公共行政学的探索和研究并未止步。恰恰相反，在原有的理论与教材基础上，本着"为创建有中国特色社会主义行政学及其普及和提高而继续努力"的宗旨，不断在理论上创新，促进公共行政学的拓展。

夏书章教授邀集所在中山大学政治学与行政学系老、中、青三代教师，于1991年6月主编并完成《行政管理学》（中山大学版）新教材的出版。较之于1985年的《行政管理学》，1991年的《行政管理学》进一步完善了学科理论体系，拓宽和加深了学科研究领域；在此基础上，1998年3月，夏书章教授组织原有的编写者再次对《行政管理学》进行修订，与第一版相比，第二版的《行政管理学》从专业角度描述了1991年到1998年之间中国行政管理改革的实际情况，公共行政学的前沿成果，以及行政管理的教学实践反馈；将行政执行与行政监督细化为两个章节，分别进行详细的、深入的分析；将办公室管理与后勤管理整合为一个章节，进一步比较与分析；尤为重要的是，第二版的《行政管理学》在原有版本的基础上增加了行政文化与行政改革，这些完善与拓展不但真实反映了七年来公共行政学学科建设在加快政府职能转变步伐、加强对权力的制约和监督、深化行政管理体制和干部人事制度等方面的发展与改革，而且体现了夏书章教授倡导的"在改革中建立行政管理科学体系"的拓展精神。

2000年，他出版了专著《现代公共管理概论》，悉心探索行政管理学科的新范式。同时，又在知识管理、行政成本等行政管理学科的新领域方面进行了有意义的拓展。在不断拓展行政管理学新领域的同时，夏书章教授还非常关注中国的现实社会发展。

从2001年起，他开始在《中国行政管理》上开设专栏《夏书章教授漫谈》，把自己的行政管理学的学识与社会公众分享，每期一个短评，或针砭时弊，或抒发情怀，或有感而发。《老兵新愿》《官邪败国》《当凭绩效》《官与非官》《数贵切实》《流未必失》《制度重要》《反腐治庸》《重在治本》《堵住赌注》《蚯蚓工程》《和谐社会》……仅从这些"杂谈"的题目我们就可以深切地感受到这个老知识分子的拳拳之心,感受到一个行政管理学大师的社会责任。

其中,就"行政成本"内容的增加与完善是《行政管理学》的重大拓展内容,行政成本的高低,直接影响着国民经济的正常发展,因此,行政成本是行政学研究中的重大课题。在这一版本教材编写的基础上,2003年,夏书章教授在《中国行政管理》上发表《行政成本》一文,引发了学界对行政成本的广泛关注。2007年,夏书章教授相继发表《行政成本是发展成本的重要组成部分》《加强行政成本研究贵能及时到位》《加强行政成本研究意义重大深远》,基于对中国行政成本现状的详尽描述,阐明了中国行政成本研究的现实依据与理论意义,并提出相应的具有建设性的对策建议,成为公共行政学的重要拓展方向。

除此之外,在中国行政管理学科不断发展与完善的过程中,夏书章教授以他敏锐的学术眼光,率先将知识管理的概念与理论研究引入公共管理领域,其《公共管理与知识管理》研究论文一经发表,就引起行政管理学界的高度关注。知识管理(knowledge management,KM)是网络新经济时代的新兴管理思潮与方法,管理学大师杜拉克在1965年曾预言:"知识将取代土地、劳动、资本与机器设备,成为最重要的生产因素。"而知识管理的发展需要公共管理在文化、教育、政府、法治等方面的配合支撑。

2002—2006年期间,夏书章教授通过主持国家社会科学基金项目——"从21世纪行政管理的变革和发展趋势研究知识管理",以及出版专著《知识管理导论》,发表《政府管理创新需要创新能力》(2005年)、《建设创新型国家需要创新型公共管理》(2006年)等研究论文,使得知识管理成为行政管理学研究中的一个新领域,也是公共行政学在理论中的另一重大拓展。

## 二、方法拓展

除了理论上的创新,夏书章教授一直主张以改革的精神选择方法,更新公共行政学的现有方法,即改掉已不适用的,以新的方法取而代之。他认为,行政学作为政治学的分支与管理学的重要领域,应该与相关学科尤其是相关的新型学科互相交叉渗透,而且科学应用现代化科技。坚持"不要为学而学,只求单线发展,要为实践需要而学,讲求'点动成线,线动成面,面动成体'"的总体原则,本着以下四个基本原则:一是改革的决心要大,二是必须注重和讲求实效,三是加强行政立法,四是统筹兼顾。基于此,夏书章教授进一步分别从阅读、听讲、讨论、案例分析、模拟实习,以及现代科技中的控制论、系统论、信息论等方法解读,进一步提出公共行政学的方法创新方向,并就每一种方法加以详细阐述。

首先,夏书章教授认为,对于在校学生和在职干部来说,最普遍的学习方法就是阅读,而且提出应用传统的泛读和精读阅读方法多加钻研和体会基本理论、大政方针、专门著作、重要文件等。其次,针对听讲这一常用的学习方法,夏书章教授强调,在高等院校本科高年级生、研究生和在职干部的学习中,不能把听讲当作唯一的、最好的方法,而是要结合提问、辅导、讨论等互动和交流的方法学习;而讲课既要理论联系实际,又要有针对性,以求搔到痒处,而非隔靴搔痒;避免照本宣科式的讲课方式。其中,就讨论这种学习方法,夏书章教授认为其能否收到预期效果,关键在于有没有按学习计划、内容、进度,有目标地认真准备。最后,夏书章认为研究作为一种学习,是学习的继续、深入与提高,因此往往涉及多学科多领域的综合学习。而对于案例分析这种学习方法,夏书章教授认为是值得推荐和推广的学习方法,而且应该考虑由教学研究机构承担建设案例库,分门别类,编制目录索引,不断更新,以供在校学生和在职干部应用。

此外,夏书章教授提出,模拟实习作为身历其境的一种学习方法,可能不是完全适用于在职干部,但却在一定程度上适用于在职干部,因此,应该作为一种拓展的方法,应用在公共行政学中,通过模拟实习的过程，让学生从中观察和体会到创造性的思维活动及具体运用实际研究过程中的真实情况，从而体会怎样完成创造性的研究。另外，夏书章教授认为，"三角形面积理论"对于应用学科的研究很有启发，应该作为一种拓展的方法，应用在公共行政学中。这一理论把构成一个三角形的三条边作为教学、研究的内容，分别为理论、应用、思维方法（见图3-1a）。这个三角形的面积就是学习、研究收效的总和。可是，如果只是把任何一条边线延长，其余两条边照旧不动，那么，这个三角形的面积，就比原来的面积缩小（见图3-1b）。根据图3-1b可见，若一边任意延长，就不成其为三角形了，即说明理论联系实际要通过正确的思维方法，只顾一边是行不通的。

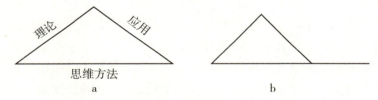

图3-1　三角形面积理论图

资料来源：夏书章：《行政学新论》，中国政法大学出版社1986年版，第34～35页。

## 三、MPA教育推动

在不断探索与拓展公共行政学新领域的同时，夏书章教授还积极培育和推动中国MPA教育。1998年，他在国务院学位办主办的《学位与研究生教育》上发表了《设置公共行政硕士专业学位的建议》，倡议引进MPA专业学位教育，并指出中国加入WTO世界贸易组织，公务员的素质、政府的管理水平、办事效率都将成为影响国家参与世界竞争的重要因素。夏书章教授强调，MPA教育的引进虽不能直接影响政府的管理与绩效水平，但却可以潜移默化地推动政府在管理过程中的专业化、科学化，从长远来看，会极大地推动政府机构的改革。此外，夏书章教授进一步补充，随着中国非政府机构、非营利机构等公共机构的不断发展，社会保障、公共卫生等领域的公共管理水平也亟须不断提高，这些都是发展MPA教育的基本社会需求。由此可见，MPA 是国际公认和流行的一种公务员教育模式，引进 MPA 教育对中国来说是"恰逢其时"。

在夏书章教授和同行们的呼吁与努力下，1999 年 5 月，国务院学位委员会第 17 次会议审议通过了《公共管理硕士（MPA）专业设置方案》，并且组建了全国公共管理硕士（MPA）专业教育指导委员会，第一批 24 所试点院校 2001 年开始正式招生。夏书章教授全程参与了筹备工作、试点论证并且担任首届全国 MPA 教学指导委会员顾问，为中国 MPA 教育的健康发展四处奔走，培育新生和后备力量。

夏书章教授认为，中国的 MPA 教育面临三个迫切需要解决的问题：师资、教材和案例。他说："MPA 的精神就是紧跟时代需求。我们的 MPA 教育只要紧密联系实际，就会走出自己的路子。"经过不到 10 年的发展，我国 MPA 培养院校从原来的 24 所，逐步迅速扩大到 100 所左右。作为中国第一个取得哈佛大学 MPA 学位的学子、中国第一个提出引进 MPA 学位制的学者，以及首届全国 MPA 教学指导委会员顾问，夏书章教授为中国的 MPA 教育发展奠定了重要的里程碑，也由此被誉为"中国的 MPA 之父"。

作为与中国行政管理学科同行的学者，夏书章教授为所钟爱的行政管理学事业奉献了一生，也获得了社会和学界给予的高度赞誉。1991 年，（世界）东部地区公共管理组织（EROPA）授予夏书章教授"卓越贡献"奖牌；1996 年，夏书章教授主编的《行政管理学》荣获国家教育委员会（以下简称"国家教委"）第三届普通高等学校优秀教材一等奖；2000 年，夏书章教授获中国老教授协会颁发的"老教授科教兴国奖"；2006 年，夏书章教授荣获美国行政管理学会颁发的 2006 年度"国际公共管理杰出贡献奖"（2006 International Public Administration Award）；2007 年，夏书章教授被人事部、教育部授予"全国模范教师"荣誉称号，2016 年荣获复旦管理学终身成就奖。

归结起来，在公共行政学的恢复、重建与拓展进程中，夏书章教授的重大贡献主要体现在以下三个方面：

**1. 重构中国行政管理学学科体系**

其中，夏书章教授以全国政治学讲习班所讲的"行政管理"讲稿为基础，与其他同行出版了改革开放后的第一本行政管理学教科书，这本教科书坚持以马克思列宁主义的辩证唯物主义和历史唯物主义的原则为指导，从我国的国情出发，批判地汲取、借鉴当代各国行政学和行政管理的先进理论和方法，研究的是社会主义性质的国家行政管理，是民主管理与科学管理高度统一的新型国家行政管理，为中国行政管理学学科确定了理论框架与基本内容。结合我国的具体国情与不断发展的行政体系，夏书章教授本着"为创建有中国特色社会主义行政学及其普及和提高而继续努力"的宗旨，力求提高与创新，在原版教材的基础上，于1991年6月主编出版《行政管理学》（中山大学出版社版）新教材，使之体例更完整、观念更新颖、内容更充实。

此外，夏书章教授上书国家有关部门，建议在高校设置政治学系，在普通高校内设置行政学系、专业，并讲授行政学课程、开展行政学研究、成立行政学院、出版刊物等。在以夏书章教授为代表的老一辈学者的奔走呼吁下，政治学专业和政治学系开始复建。1986年，国家教委首先在普通高等学校中批准兴办行政管理四年制本科专业。武汉大学、南京大学、厦门大学、中国人民大学、中山大学先后建立政治学或行政学学科，中国行政管理学学科体系得以重构。

同时，夏书章教授积极帮助国内其他高校行政管理学科的建设。他先后担任华中科技大学公共管理学院、中山大学政治与公共事务管理学院、浙江财经学院法学院的名誉院长；担任武汉大学政治学系名誉主任；兼任汕头大学、江汉大学名誉教授；受聘为中国政法大学、南京大学、西安交通大学、上海交通大学等著名大学的兼职教授，为中国行政管理学学科体系的发展与完善贡献了自己的力量。

**2. 重组中国行政管理学师资力量**

由于学科停办了30年，中国行政学科重建之初学科断层，人才断代，师资奇缺。针对这些情况，夏书章教授一方面在《文汇报》《光明日报》等报刊上呼吁："必须发扬全国一盘棋的社会主义制度优越性,把有限而分散的人力、物力集中使用,尽快做出成绩,建立具有中国特色的学科。"另一方面,夏书章教授身体力行、率先开课授徒,结合中国的实际需要,培训管理干部,建设师资队伍。他应邀在教育部委托华中师范学院举办的(中南地区)高级干部进修班、卫生部委托中山医学院主办的全国医科院校校长研讨班、广东省高等教育局委托华南师范大学主办的高校教学管理班以及中南矿冶学院干训班等培训班讲授高教管理学、教学管理等专题;随后在华中师范学院(中南班)、西南师范学院(西南班)、陕西师范大学(西北班)、北京师范大学(华北班)、东北师范大学(东北班)、华东师范大学(华东班)和江西师范大学(江西班)、杭州师范大学(浙江班)等高校授课,促进中国行政管理师资队伍的发展与壮大。此外,夏书章教授先后在中国共产党中央委员会组织部、人事部举办的司局级干部学习班、全国市长研究班讲"行政管理""人事管理""市政管理";在国家教委行政管理学师培班、干训班讲课,促进党政干部的培训。因此,夏书章教授为新时期中国行政管理、人事管理、市政管理、高教管理等,培植了理论根基和成批的教学研究及行政管理骨干。

**3. 拓展中国行政管理学体系**

随着中国行政管理学体系的不断发展,夏书章教授不断探索拓展中国行政管理学的理论与方法。夏书章教授针对我国当前的重要议题,如行政效率、行政革新、行政成本、创新能力等,深入浅出,分析中国行政管理学现实存在的问题,为中国行政管理学在问题选择、理论学习、方法解决上提出了建设性的观点,是中国行政管理学体系在拓展阶段中的重要参考。

# 第四章　夏书章的学术精神与品格[①]

作为中国行政管理学的奠基人和领军者，夏书章教授给人们印象最深的是他的学术精神与品格。在长达近一个世纪的岁月里，夏书章教授始终把个人的前途与国家民族的命运联系在一起，把个人的追求与自己钟爱的学术事业结合在一起。他的学术活动和生活实践不仅彰显了一个中国知识分子应有的学术精神与品格，垂范后学，而且也向世人展示着他一贯倡导并且身体力行的公共行政精神。

## 第一节　负重前行、独立严谨的学术精神

有人说，一个真正的学者，首先要具有独立的学术精神和民族使命感，其次才是对于自己所隶属和所从事的学科的建设和研究，夏书章教授的学术活动和生活实践就是这个观点的真实写照。青年时代的夏书章在报考大学和选择自己的人生道路时，正值国家内忧外患、民族危亡的时刻，他没有报考当时比较"吃香"的理工科，也没有选择当时比较"实用"的经济学科，而是报考了当时中央大学的政治学系，后来又远赴哈佛大学攻读 MPA，就是基于一个信念——"上医医国，其次医人"，决心学习"医国"之术。他后来回顾："当时是一腔热血，觉得政府腐败与管理不善有很大关系，很向往英国的公务员中心制度。"抱定了这个志向后，无论生活如何艰辛、政治学术环境怎样变化，夏书章教授都痴心不改，为他所钟爱的学术事业倾注了一生的心血。

在 70 多年的学术生涯中，夏书章教授始终对行政管理学情有独

---

[①] 此文原刊《中国行政管理》2008 年第 4 期。

钟。由于中华人民共和国成立后特殊的政治学术环境，政治学、行政学作为独立学科的地位曾一度中断，很长时间内他被安排去讲授马列主义基础理论。夏书章在"纳闷"中没有消极、彷徨，他不仅在讲授马克思列宁主义课程方面成绩显著，而且在认真学习、研究的基础上，开始用马克思列宁主义的理论、观点和方法重新思考自己关注、关心的问题，为后来探索建设有中国特色的行政管理学做了大量的思索和积累性的工作。所以，一旦时机成熟，他立刻率先发出了"把行政学的研究提上日程是时候了"的呐喊，为中国行政管理学的重建大声呼号、四处奔走；当学界热衷于引进西方行政学理论时，毕业于哈佛大学的他，又积极倡导"要重视社会主义行政管理的研究"；当中国行政管理学科的重建和发展步入正轨后，他又发出"把行政管理学的研究引向深入是时候了"的呼吁，始终在不同历史时期保持着独立清醒的思考、砥砺前行，并尽到了自己的学术责任。

夏书章教授不仅十分注意以独立、严谨的学术精神引导着行政管理学科的健康发展，在一些具体的学术问题上，他同样坚持独立、严谨的学术精神。夏书章教授在多个场合强调的"为了实事求是，做到理论联系实际，千万不要迷信那些道听途说，胡编乱造的东西，重要的是注意：一、要搜集资料；二、要调查研究；三、要辨明真伪；四、要判断是非；五、要总结提炼；六、要用之实践"。

在我国行政学界有一个流行的看法：就是用把 administration 译作"行政"，而把 management 译作"管理"，甚至认为，public management 是 public administration 的发展甚至是替代，夏书章教授对此不以为然。他认为，administration 和 management 事实上都有"管理"的含义，比如：business administration 也是用 administration。所以至今 MBA（master of business administration）仍与 MPA（master of public administration）对应。administration 单独使用，又有行政或行政学的含义，如 1887 年威尔逊发表著名的论文《行政学研究》，翻译过来就是 The Study of Administration。而习惯上说的"某某当局"，则往往在总统姓氏后加 administration。所以，administration 和 management 有时相通，有时又有习惯用法，如 administration sciences

（行政科学）和 management sciences（管理科学）即有区别。为此，夏书章教授多次在各种场合强调：既要择善而从，符合实际，同时也要弄清问题的由来。他还专门在《唯实》杂志上发表《行政学和行政管理学科名称杂议》一文，做了比较系统地论证和阐述。

不仅在学术上较真，在日常行为中，夏书章教授同样保持着严谨的生活态度。无论上课还是参加学术活动，衣履端正、准时守时是夏书章教授的一贯风格和良好习惯。夏书章教授授课时上下课一直非常准时，每次会议也必定提前5分钟到场，而且数十年如一日地坚持下来，这一点在中山大学的校园里一直传为美谈。夏书章教授的长子夏纪真高级工程师曾这样概括父亲的品格："正直做人、朴素求实、严谨治学、追求成就。"

## 第二节 谦和宽厚、匡助后学的学者风范

严谨治学的夏书章教授可谓著作等身、成果卓著，他是中国第一个在美国获得 MPA 学位的人、改革开放后第一个发表论文呼吁重建行政学科的人、行政学恢复过程中编写出第一本《行政管理学》教科书的人，第一位撰写出版行政学专著的人，也是中国第一个提出引进 MPA 学位制的学者……他拥有很多头衔：中国政治学会第 1～3 届副会长、全国高等教育自学考试指导委员会政治管理类专业委员会主任、中国行政管理学会第 1～4 届副会长、全国行政学教学研究会第 1～2 届理事长、美国哈佛大学教育研究院客座教授、联合国文官制度改革国际研讨会顾问等。获得过（世界）东部地区公共管理组织（EROPA）"杰出贡献"奖牌、中国老教授协会"老教授科教兴国奖"、美国公共行政学会颁发的 2006 年度"国际公共管理杰出贡献奖""全国模范教师"称号等，但夏书章教授始终用淡然、谦和的态度对待这些成果和荣誉，他把这些成就的取得归功于改革开放后"时代需要、社会进步和有关各方面的日益重视"，他常常感慨的是"回顾这 20 多年来的学术活动和成果，自己也没有料到晚年还有这样好的学术机遇和环境"。他多次表示"乐于向中青年学者们学习。

如蒙不弃，还争取同他们合作、共勉"。

夏书章教授对待自己的学术成果谦和淡然，表现在他从不满足于这些成就，在重建行政学做出重大贡献、在构建中国特色行政管理学体系取得丰硕成果的基础上，年届90的高龄仍不断探索行政管理学新的领域，如行政效率、行政成本、知识管理……这一个个学科新领域的拓展，表明了夏书章教授旺盛的学术创造力和不断超越自己的学术情怀，用他自己的话就是："只要一息尚存，仍当努力耕耘。"

夏书章教授谦和宽厚的学术态度，表现在他作为学科的领军人物，从不满足于个人学术的成就，而是提携后学，为合作者提供发展的机会和空间。在他的引领下，中山大学形成了一个结构合理、老中青结合的、高水平的行政管理学科梯队，逐渐凝聚了一大批专业过硬、经验丰富的中青年科研骨干，形成了从博士、硕士研究生到本科生的完善的人才培养体系，建成了包括教育部人文社会科学百家重点研究基地——中山大学行政管理研究中心等一批实力雄厚的科研基地和研究中心，也形成了独具特色的办学风格，公共管理学科总体办学水平在国内处于一流。

夏书章教授谦和宽厚的学术态度，表现在他不仅为自己所在的学校中青年学者的成长提供机会和空间，更表现在他善于帮人、恩泽四方，无论哪个兄弟学校在行政管理学科建设中遇到困难，只要找到他，他总是热情接待、倾囊相助；他还不辞辛劳、四处奔走，哪里需要帮助哪里就有他的身影，为多所学校的行政管理学科建设出谋划策、站台造势。20多年以来，全国多数兄弟学校的行政管理学科建设都得到过他的关心、指导和帮助，全国各地的很多学者都曾受益于夏书章教授的教导、鼓励和支持。

夏书章教授作为大师级的导师，还十分注重身体力行地匡助青年才俊，为后学提供宝贵的精神指引。年届90的他还亲自为研究生和本科生授课，对校园内学生的不良行为细节，他不仅谆谆告诫，而且循循善诱，在中山大学里传为佳话。他经常和青年学生谈学术、谈人生，为广大学子讲述"在学言学"的学术态度，提出做人求学之根本要义。

夏书章教授认为,育人的根本就在于实现"真正实在"。学海无边学无止境,但德才为根本,且要做到德才兼备。他还详细地阐释了"真正实在"的内涵:"真"即应该做到真金不镀、情真意切、当明真相,为人治学持认真态度。求学要有真才实学,讲究真凭实据,对于学习要有真正的兴趣,做到敬业乐业;"正"即要在品行上要求自己做到正大光明、本正源清、必先正己,还要相信邪不敌正,树立最为基本的人格魅力;"实"即应该实事求是、名实一致、切合实际,并且贵在落实,不可哗众取宠,但也要爱惜名誉,务虚的最终目的就是要务实;"在"即必须在位谋政,相信事在人为,而且学习、做人道理无处不在。他反复警醒着广大学子应该在为人治学中坚持"真正实在"。

夏书章教授对下一代的期望是非常深厚的,而且总是给予热情地指导和教诲,他热切希望年轻的学子们:对于入学者,包括本科生和研究生,应该尽快地针对课程特点和研究路径,改善原有的学习方法和学习习惯,以适应不同学习阶段的具体要求;对于即将毕业的学生,应该尽可能地避免职业短视。作为拥有深厚教育背景的精英团体,大学生应该有所取舍,有所为而有所不为,勇于承担未来社会建设和发展的责任。他希望大家承前启后、继往开来。

## 第三节　国际视野与本土化相结合的学术追求

在行政管理学科的学术发展上,夏书章教授十分强调国际视野与本土化的结合。他多次指出:"我们既要与国际接轨,又要坚持中国特色。引进不是盲目、机械地全盘照搬,而应在消化、吸收的基础上根据国情、国策进行再创新。"

公共管理学科的重建和发展,需要借鉴国外的优秀实践经验,夏书章教授对此深为赞成。他说:"我们这个学科既需要吸收借鉴人类政治文明中所有进步的东西……要有国际化的视野,不能关起门来搞研究，否则又成了闭关自守。"① "我们的改革开放政策，意义深远。其中就包括了广泛了解和获得境外的情况和信息，以利于现代化建设。"

　　作为哈佛大学校友的夏书章教授非常热心国际学术交流。改革开放不久，他就以秘书长的身份率团访问美国。1980—1981 学年度，在他任哈佛大学、纳布拉斯加大学客座教授期间，不仅和这两所大学加深交流，还分别应邀到耶鲁大学、加尼福尼亚大学洛杉矶分校、弗吉尼亚大学、密苏里大学、杜克大学、康内迭克特学院、威廉姆斯学院等院校做短期学术交流或讲学。作为中国行政管理学会的副会长，他不断加强中国行政管理学会的国际交流，率团出访、参加国际会议，将中国行政管理学会介绍给世界，也为学会发展开拓了更为广阔的空间。多年来，他不辞劳苦往来奔波于各地，洛杉矶、纽约、华盛顿、马德里、新加坡和香港、澳门等国内外地区都留下了他的身影，为促进中国行政学的繁荣和为中国行政学界与世界同行的交流，做出大量贡献。基于他的特殊贡献，夏书章教授曾获（世界）东部地区公共行政组织（EROPA）"卓越贡献"奖牌，美国公共行政学会（American Society for Public Administration）② 也授予他 2006 年度 "国际公共管理杰出贡献奖"（International Public Administration Award）。"国际公共管理杰出贡献奖"设立于 2004 年，主要颁发给美国以外的对公共行政学领域做出巨大贡献的著名学者或实践者。

　　夏书章教授十分重视汲取国外先进的行政管理理论和实践经验。他认为，做学问不能闭门造车，只有将国外的理论和经验的 "活水" 引进来，才能够真正使中国的行政学充满生机、蓬勃发展。因此，在他主编或撰写的论著中，非常注重对西方先进行政管理理念和方法的引进；同时，他专门赴香港地区和新加坡考察、调研，撰写、出版了《香港行政管理》《新加坡行（市）政管理》，而且和夫人汪淑钧教

---

① 倪星、夏书章：《中国行政管理学的历史与未来——专访夏书章教授》，载《公共行政评论》2012 年第 1 期，第 1～5 页。
② 美国公共行政学会成立于 1939 年，是美国最权威的公共行政研究机构。

授合作，精心翻译出版了约翰·格林伍德和威廉·威尔逊两博士合著的《英国行政管理》一书。

在借鉴西方先进理论和方法的同时，夏书章教授十分强调行政管理理论与中国国情的适应以及与中国实践的结合。他说："关于'洋为中用'，重要的是注意'为我所用'和'以我为主'，即以我为主体和由我操主动权。同样要认真研究用什么和怎么用，不是不加选择，亦非不顾国情。"夏书章教授同时强调："在研究按国际惯例办事和与国际接轨时，不能忽视中国特色或置中国基本国情于不顾。"绝不能以"国际化"的口号，"化"掉了自己的主权、利益、特色和国情。

夏书章教授一贯主张建立中国特色的行政管理学，并且为构建中国特色的行政管理学体系辛勤耕耘。他不仅在理论上大力呼吁，而且身体力行，一方面，"发掘古代文化阐释现代管理"，潜心撰写了《从"三国"故事谈现代管理》《"三国"谋智与现代管理》《〈孙子兵法〉与现代管理》等论著；另一方面，把行政管理学的理论运用于中国社会的实践，他的《市政学引论》《行政效率研究》《小政府大社会之路——天津市河西区区政管理探微》等专著，都体现出鲜明的中国气派和中国风格。

## 第四节　理论性与实践性高度统一的学术品格

夏书章教授有句名言："行政的实质在于行。"他说，关于"行政"，"政"是前提，精髓和着力点是"行"。"行"就是要行远自迩、切实可行、势在必行、身体力行、令行禁止、行之有效，就是通过运作、执行，把政治理想、纲领、计划、原则、方针、政策付诸实施、予以实现，或者见诸行动，使之成为事实。行政管理学作为一门应用性学科，必须与实践密切联系，以理论指导实践，以实践验证理论，并且完善和发展理论。

作为应用学科的行政管理学，一旦脱离实际，它就失去了生命力，不再有任何存在的价值和发展的空间。所以，夏书章教授特别强调,"行政管理学一定要密切联系实际,紧密地针对和结合改革,要为改革服务"。他不仅积极倡导,而且率先垂范,总是密切关注行政管理不同发展阶段所面临的主要和迫切地需要解决的问题,并提出行政学研究的重点。从最初提出经济改革、城市改革、机构改革、高等教育改革、人事制度的改革,到后来的转变政府职能、坚持可持续发展、注意行政效率与行政成本、关注知识管理等,他始终坚持行政管理学为实践服务、为改革服务的方向。

夏书章教授将自己一生对行政管理学的研究全部应用于中国的现实问题研究中。他在构建和不断探索中国行政管理学体系时,强调的是"在改革中建立行政管理科学体系";他在追踪中国社会发展和改革的需要时,不断拓展行政管理学的新领域;在夏书章教授的汗牛充栋的大量论著中,我们很难看到纯粹的学术演绎和脱离社会实际的概念推导,文字中蕴含的是夏书章教授对社会的责任和对民生的关注。

在夏书章教授的论著中,有大量精彩的实际案例。在他的学术研究中,也有对现实问题的专门、专题研究。天津河西区是天津市机构改革试点区,通过"转变职能、理顺关系、精兵简政、提高效率",使这个"小政府"较好地发挥了管理、服务于"大社会"的应有作用。夏书章教授抓住这个典型案例,将行政管理学理论运用于实践之中,用中国特色的行政管理学理论指导现实问题的研究,1998年完成了《小政府大社会之路——天津市河西区区政管理探微》的专题研究,在实践检验理论的同时更进一步地发展了理论。

《香港行政管理》(1991年2月)是一本很有开拓意义和研究价值的学术著作。夏书章教授认为,香港问题值得研究,值得展望,所以,除了从行政管理这个大视角入手广泛地收集和积累各方面素材外,还多次实地考察,力求接触范围更广,抓住一切机会,同了解情况的人交谈、研讨,在前期考察调研的基础上拟定《香港行政管理》大纲,进行认真分析、综合、叙述与论证,并为该书的写作和出版殚精竭虑、呕心沥血,该书最终于1991年2月顺利出版。

夏书章教授还受邀在《中国行政管理》杂志上开设专栏——"夏老漫谈"。他站在行政管理学的角度,为我们分析问题,并提出解决问题的途径和思路。从 2001 年第一篇《老兵新愿》以来，已经陆续有近百篇文章发表，内容涉及政治、管理、科教、卫生、法律等等社会热点问题，夏书章教授看问题独具慧眼，分析鞭辟入里，使读者对中国目前的社会问题有了充分的认识，并引发他们深入思考。从《闲话单车》《北京户口》《公车改革》，这一件件关乎国计民生的事件或案例，到《苏州近事》《义乌现象》《青藏铁路》，这一桩桩社会的变迁和变化，夏书章教授都给予了极大的关注；从《病从口入》《填表重负》《行政成本》，这些具体的行政问题，到《依法行政》《高效政府》《公共服务》这些现代的行政理念，都倾注了夏书章教授的热情与心血。

  总之，夏书章教授作为我国的行政管理学大师，他走过的道路，不仅记载着一个中国老知识分子的心理路程，也反映了现代中国行政管理学科的发展轨迹。可以说，中国的行政管理学发展史与夏书章教授的学术史是密不可分的。他的成果和贡献，让我们在成长中汲取到丰富的养料；他的智慧与深邃，使我们得以站在巨人的肩膀上，看到未来的责任。

# 夏书章与中国公共管理学的重建与探索

# 第五章　夏书章与中国公共管理学的重建

公共管理学（public administration，或译作"行政管理学"）主要是研究在依法行使国家权力对社会事务进行管理的活动中，有效地组织和协调各种要素的科学。在一个国家或地区中，公共管理是关系到国计民生的范围最广、最具权威性的管理，是社会进步和经济发展的推进器。夏书章教授指出，"行政管理对国家的政治、经济、社会、文化等现实生活，有着非常直接和密切的联系和影响。从整体、全面和宏观方面来说，改革开放，以经济建设为中心和进行中国特色社会主义现代化等，都无不与行政管理水平息息相关。显而易见的是，前者的成败利钝往往取决于后者的功过得失。可以毫不夸张地认为，行政管理状况的优劣，甚至关系到国家的安危存亡"[①]。

"作为新中国行政管理学科的奠基人，夏书章教授是改革开放后第一个发表论文呼吁重建行政学科的人，是行政学恢复过程中编写出第一本《行政管理学》教科书的人，也是第一位撰写出版行政管理学专著的人，他在新中国行政管理学重建的过程中做出了重大贡献。"[②] 本章将从重构中国公共管理学的教学内容与课程体系、重建中国公共管理学的教学队伍、组建中国公共管理学的学术共同体三个方面对夏书章教授在重建中国公共管理学中的重大贡献进行回顾与梳理。

---

[①] 夏书章：《夏书章教授在"2005年全国MPA教育研讨会"上的书面发言》，载《公共管理学报》2005年第2期，第90页。

[②] 任剑涛：《夏书章与中国行政管理学的重建》，载《中国行政管理》2008年第4期，第9～10页。

## 第一节 重构中国公共管理学的教学内容与课程体系

公共管理学在西方国家产生之后，中国学者很快就予以重视，并加以引进和研究，梁启超1896年就在《论译书》中倡导"我国公卿要学习行政学"①。19世纪末和20世纪初，我国学者翻译出版了美国、日本学者的行政学著作。孙中山参考国外行政学的理论与实践，结合中国传统思想提出五权分立思想、中央与地方均权思想，以及公开考试、择优选官的思想等。同时，中国的一些高等院校也开始设立行政管理学课程。从20世纪30年代起，中国学者撰写的行政学著作陆续问世，张金鉴在1935年撰写出版的《行政学之理论与实际》被认为是中国的第一本行政学著作。中国的一些高等院校也开始设立行政管理学课程，成立了行政学的全国性组织。

但是，由于连年抗战、时局动荡，包括公共管理学在内的整个高等教育事业都处于风雨飘摇之中。到20世纪50年代初，在以苏联"专才模式"为模板的高等教育体制改革中，公共管理学、政治学等学科被迫中止。直到改革开放后，公共管理学科才逐渐得以恢复重建。作为中华人民共和国公共管理学科奠基人、中国MPA之父、新时期中国政治学重建首倡者，夏书章教授为中国公共管理学科的重建做出了巨大的贡献，也见证了中国公共管理学科举步维艰的复兴之路。

### 一、重建中国公共管理学科的坎坷历程

#### 1. 建国伊始百废待兴

经过抗日战争和解放战争，中华人民共和国成立之初满目疮痍，百业待兴，学科重建谈何容易。在中国行政管理学会2008年年会上，

---

① 任剑涛：《夏书章与中国行政管理学的重建》，载《中国行政管理》2008年第4期，第9～10页。

夏书章教授曾回忆起中华人民共和国成立初期学科重建的艰辛："新中国诞生后,要做的事情何止千头万绪。仅就高等教育而言,只能先稳定正常秩序,恢复运作,然后分别改变。反动统治下的烂摊子百废待兴,但不能同时并举。各条战线难以齐头并进,应按轻重缓急的原则去解决问题。当时关系全局的大事如稳定社会秩序、肃清暗藏的反革命分子、整顿金融物价、保障人民生活等。高等教育的变革一时还未能提上议事日程,各高等院校在被接管以后仍基本维持原有院系和课程设置……"①

据夏书章教授回忆,这一时期在基本维持原有院系和课程设置的情况下,尽管也开展一些有关学科发展的课程改革,但总体来说都是局部性的或个别现象,并没有实质性的"大动作"。其中,以行政学为例,只是将这一门课程名称改为"行政组织与管理"。同它有关的课程如行政法改称"政策与法令",又如市政学则未做改动。教学内容因一时尚无新教材供应,只好由各任课教师根据各自的学习心得、体会掌握进行安排。对于以夏书章教授为代表的一批爱国求真,追求进步的高级知识分子来说,尽管他们都怀揣着除旧布新、投身社会主义教育事业的热情,热切渴望着为民族复兴和国家富强做出自己的贡献,但冰冻三尺非一日之寒,要在当时饱经战乱、积贫积弱的中国启迪民智、重建公共管理学科绝非易事。夏书章教授回忆说,"在暂时维持、诸事待变的状态和气氛中,那时许多有关问题和活动,都还没有加以考虑的机会和余地。例如,关于学科如何建设和发展,怎样开展教学和研究,等等。至于像什么学会组织,则根本连想也没有去想和不会去想"②。在重建公共管理学科的过程中,以夏书章教授为代表的知识分子不计个人得失、心系国家建设的热情着实令人感动,个中辛苦由此也可见一斑。

---

① 夏书章:《记一个真正实在的学术团体 中国行政管理学会》,见《"建设服务型政府的理论与实践"研讨会暨中国行政管理学会 2008 年年会论文集》,2008 年。
② 夏书章:《记一个真正实在的学术团体 中国行政管理学会》,见《"建设服务型政府的理论与实践"研讨会暨中国行政管理学会 2008 年年会论文集》,2008 年。

### 2. 院系调整与学科中止

夏书章教授在青年时代，就因为怀揣"上医医国、次医医人"的抱负，对公共管理学这门学科情有独钟，业有专攻，学有所成。他于1943年毕业于国立中央大学法学院政治学系，获法学学士；1946年毕业于美国哈佛大学，获行政学专业硕士（MPA）。回国后，应聘为中山大学教授，从此，一心投入行政管理专业的教学与研究中。但是，1952年秋，全国高校院系调整时政治学系停办，行政学等课程停授，法学、社会学等学科的教学研究也被迫中止，这使得夏书章教授纳闷和念念不忘近30年之久。

20世纪50年代，为了迅速恢复和发展国民经济，大力提升国家工业化水平，急需通过高等教育高速度、大规模地培养出工业建设需要的人才。1952年1月3日，教育部发出指示，要求"理学院、工学院水利、采矿、冶金、地质、数学、物理、化学、气象等在1953、1954两年暑假应届毕业的学生提前一年毕业，以适应国家工业建设的急需①。"1953年，国家开始第一个经济建设的五年计划，随着工业建设的迅速发展，国家对于专业化人才的数量有了更高的要求②。

中央教育部于1951年11月召开全国工学院院长会议，拟订了全国工学院调整方案，揭开了院系调整的序幕。1952年秋，院系调整全面展开。中央教育部以"培养工业建设人才和师资为重点、发展专门学院、整顿和加强综合大学的方针"为原则，在全国范围进行高等学校的院系调整。经过调整，全国高等学校从211所调整为182所，私立高校全部改为公立，工、农、林、医、师范等实用学科类学生比例逐渐增高，1953年与所有高校学生总人数77.1%，1959年则达85.1%，而院系调整前，这类学生数比例不足一半。人文学科类学生比例则逐年减少，随着政治学、社会学、心理学、人类学等学科被取消，财经与政法学科被削减，文科、财经、政法三类合起来学生

---

① 中央教育科学研究所：《中华人民共和国教育大事记（1949—1982）》，载《教育研究》1984年第9期。

② 包丹丹：《1952年院系调整再解读》，载《教育学报》2013年第2期，第113～120页。

比例调整前为46%，1953年降到14.9%，1959年低至6.1%，在校文科学生由调整前的33.1%下降到14.9%①。院系调整后的高等教育与国民经济计划紧密相连。"国家对教育实行高度集中统一的计划管理，按产业部门、行业甚至按产品设立学院，系科和专业（例如农机学院、坦克系、发动机专业），教育的重心放在与经济建设直接相关的工程和科学技术教育上。这是一种与计划经济、产品经济体制同构的教育制度。"②

1952年全国高校院系调整过程中行政学课程停授、研究中止的决定，使夏书章教授一度纳闷不已。尽管如此，他在经历"三反五反"、大跃进、十年浩劫时，甚至在"五·七"干校接受劳动改造时也始终对自己钟爱的行政科学念念不忘，坚持潜心探究③。直到20多年后，随着改革开放的开启，以夏书章教授为代表的知识分子终于迎来了重建中国公共管理学科的曙光。

**3. 改革开放与学科重建**

1979年3月30日，邓小平在党的理论工作务虚会上指出："政治学、法学、社会学以及世界政治的研究，我们过去多年忽视了，现在也需要赶快补课……现在也应该承认社会科学的研究工作（就可比的方面说）比外国落后了。"（摘自《邓小平文选》第二卷）邓小平的讲话站在一个全局和实用的角度，向知识分子提出了为新形势下的国家建设和社会发展提供智力支持的期待，也重新燃起了中国知识界的热情。

对此，年届花甲的夏书章教授也重新焕发了学术青春，他和几位政治学界的老同仁积极集会商讨，联名上书中央，建议在条件和基础较好的高校逐步复办政治学系，并着手筹建中国政治学会。随后，在1982年1月29日的《人民日报》上，夏书章教授发文呼吁："把行

---

① 李杨：《与"旧教育"告别之后——院系调整略议》，载《教育家》2012年第9期。
② 杨东平：《艰难的日出》，文汇出版社2003年版，第128页。
③ 李功耀：《锦书承志钦泰斗 华章济世启学人——记中山大学教授、"中国MPA之父"夏书章先生》，载《财政监督》2002年第12期，第4～9页。

政学的研究提上日程是时候了。"他提出:"要搞现代化建设事业,就必须建立和健全现代化管理(包括行政管理)和实行社会主义法治(包括行政立法),这样,我们就需要建立社会主义的行政学和行政法学。"这一声呼吁,打破了30年来中国行政学的沉寂局面,恢复了中国公共管理学作为独立学科在学术界的地位,拉开了中国公共管理学重建并复兴的序幕。随后,夏书章教授趁热打铁,在《人民日报》《光明日报》《政治与法律丛刊》等重要报刊接连发表了《机构改革与行政法》《从宪法修改草案看行政立法的任务》《宪法修改草案论副职》《论市政与市政学研究》《论宪法修改草案废除了实际上存在的领导干部职务的终身制》《机构改革与行政学、行政法学的研究》《论领导班子专业化》《干部梯队建设和在职培训》《论干部轮训》等一系列行政学和行政改革的文章,并连续向有关部门建议,提出要设置行政学专业,开展行政学研究,成立行政学院等。他旗帜鲜明地指出:必须在行政管理领域进行拨乱反正。

在包括夏书章教授在内的学界前辈的奔走呼吁和积极推动下,1984年由国务院办公厅和劳动人事部共同发起成立了中国行政管理学会筹备组,并主持召开了全国首次"行政管理学科研讨会",会上,夏书章教授积极建言:"不能什么事都和资本主义对着干,认为资本主义国家有政治学和行政学,我们就取消。难道我们就不能有马克思主义的政治学和社会主义的行政管理学?"他反复申述:我国的行政管理和行政学应当有中国特色,作为一门应用性极强的学科,"有必要深刻地了解国情,使理论密切联系实际"。为了申明宗旨,揭示精髓,夏书章教授不辞辛劳地四处奔波,讲学授课、做学术报告、开学术会议,他的足迹几乎遍布大江南北。

1984年底,在国务院办公厅关于成立中国行政管理学筹备组的通知中,夏书章教授名列其中,并出任筹备组副组长。1986年11月,在全国哲学社会科学"七五"规划会议期间,夏书章教授作为政治学规划小组成员和代表之一在人民大会堂接受中央领导同志的亲切接见。1987年1月,在中国行政管理学教学研究会成立大会上,夏书章教授当选为第一任理事长。1988年,鉴于学科发展势头比较顺利，夏书章教授抓住时机，继续撰文呼吁：《把行政管理学的研究引向深入是时候了》（载《行政管理学新编》序），与1982年《人民日报》的文章遥相呼应，在全国大范围内产生了更大的共鸣。他还连续向有关部门建议，提出要设置行政学专业，讲授行政学课程，开展行政学研究，成立行政学院等。1992年，夏书章教授担任《中国政府百科全书·政治学卷》编委和《1992年中国城市经济社会年鉴》副主编。1993年，夏书章教授关于行政管理在中国的历史、现状与展望的论述被选入米尔斯等学者合编的 Public Administration in China（《中国公共管理》）①。

## 二、中国公共管理学科的教学内容与学科体系

行政管理是科学。夏书章教授在《把行政学的研究提上日程是时候了》一文即开宗明义："在许多人的心目中，行政工作是一些事务性工作，是'万金油'式的工种，并没有什么学问。这实在是一种误解。"因此，中国行政管理学的重建，首先需要具有自己的研究范畴、研究对象、内容和方法论体系②。

### 1. 行政管理学教科书的问世

由于行政管理学学科建设中断了30多年，在师资力量、学术研究队伍、基础性教材以及科研成果方面，都是极其匮乏的。加之较长时间民众对行政问题存在错误的认识，以及错误思潮对行政学研究的惯性影响，中国行政管理学的重建，一切都是从头开始。此前，在教材和教学参考资料方面，国内虽然在不长的时间内出版了不少译、编、著的有关专著，有些还被列为"大学丛书"，但限于当时的历史条件，这些书籍还是多以介绍国外情况为主，不少院校甚至还照例直接采用外文原著开展教学活动，教材的本土化成为制约学科发展的一

---

① Mills & K. Miriam. *Public Administration in China*. Greenwood Press, 1993.
② 朱正威：《为中国行政管理学科的重建奠基领跑》，载《中国行政管理》2012年第1期，第16～17页。

个重要问题①。要想迈出中国公共管理研究本土化的第一步，首先需要确定的就是教学内容和学科体系。

夏书章教授以1982年在全国政治学讲习班所讲"行政管理"讲稿为基础，协同黑龙江、吉林、山西、湖南四省社会科学院的部分科研人员和骨干，集思广益，于1985年出版了改革开放后的第一本《行政管理学》（山西人民出版社出版）教科书，为行政管理学科定下了理论框架和实质内容。在这本书中，夏书章教授明确指出，"应从我国行政管理和行政学发展状况出发，汲取当代各国行政学有益的知识，确定我国当前行政学研究的内容"。该书紧密结合中国的行政管理实践，从行政原理、行政组织、行政领导、行政决策、财务行政、人事行政、行政方法、行政管理法规等方面广泛深入地进行了新的探讨，对当前我国的行政管理改革与建设提出了许多精深的见解，也从多方面系统地概述了具有中国特色的行政管理学的学科体系。

在1985年版《行政管理学》的基础上，本着"为创建有中国特色社会主义行政学及其普及和提高而继续努力"的宗旨，夏书章教授邀集所有中山大学政治学与行政学系老、中、青三代教师，同心同德，群策群力，几经改版、修订之后，于1991年6月主编出版《行政管理学》（中山大学出版社出版）新教材②。该书确定和阐述了我国行政管理学研究的主要内容，为求在原有基础上有所提高和创新，使之体例更完整、观念更新颖、内容更充实，进一步拓宽和加深行政管理学科的研究领域，完善学科理论体系，该教材不断再版更新，到2013年6月已经推出了5个版本，得到了社会广泛的赞誉，被多数高校采纳为公共管理学科的指定教材③。

**2. 公共管理学科的教学内容**

夏书章教授指出，行政管理学科，顾名思义，"就是研究行政管

---

① 夏书章：《行政管理学（第四版）》，高等教育出版社、中山大学出版社2008年版，第10页。
② 任剑涛：《夏书章与中国行政管理学的重建》，载《中国行政管理》2008年第4期，第9~10页。
③ 任剑涛：《夏书章与中国行政管理学的重建》，载《中国行政管理》2008年第4期，第9~10页。

理，使之体制健全、政策正确、工作得法、发展顺畅、不断改善、全面统筹和完满达标的学科"①。他编著的《行政管理学》就是坚持以马克思列宁主义的辩证唯物主义和历史唯物主义的原则为指导，从我国的国情出发，批判地汲取、借鉴当代各国行政学和行政管理的先进理论和方法，同政治学、法学、经济学、社会学、管理科学保持密切的关系，研究的是社会主义性质的国家行政管理，是民主管理与科学管理高度统一的新型国家行政管理。

在 1991 年版《行政管理学》教材的第一版序言中，夏书章教授再次强调"我们要建设的是有中国特色的社会主义。那么，我国的行政管理和行政管理学便都应当具有中国特色，是不言而喻的"，"因此，在行政学的教学和研究中，存在坚持马克思主义基本观点、批判资产阶级自由化观点的问题。我们不能在有意和无意中，以为行政学是一门应用学科，而对此有所放松或忽视。同样要体现'坚持、补充、批判、澄清'的精神，即坚持马克思主义基本观点，增补以马克思主义为指导的新的研究成果，批判资产阶级自由化观点和澄清是非"②。

夏书章教授的《行政管理学》基本确定和阐述了我国当前行政研究的主要内容：

（1）行政原理。行政管理学是应用科学，但需要理论指导，有必要研究社会主义行政学的基本原理和原则。夏书章教授一向重视政治和行政的关系③，强调"行政终究要根据一定的政治任务和目标来考虑、来行动，所以，不管怎样，行政学要完全摆脱与政治学的关系是不可能的"④，"尽管行政学一向被认为是政治学这个大学科领域中最为实际的方面，但它毕竟不能完全无视或不管政治、决策、大政方

---

① 夏书章：《行政管理学科研究顶层设计问题刍议》，载《中国行政管理》2011 年第 3 期，第 9～12 页。
② 夏书章：《行政管理学》"序言"，中山大学出版社 1991 年版，第 2 页。
③ 王锋、郭哲：《中国当代行政管理学的开拓者——夏书章先生行政管理思想述论》，载《中国矿业大学学报》（社会科学版）2015 年第 2 期，第 34～41 页。
④ 陈瑞莲、张紧跟、刘亚平等：《夏书章中国特色行政管理学思想及其发展》，载《中国行政管理》2008 年第 4 期，第 11～12 页。

针问题,从发展的趋势来看,行政学的深入研究,必然要触及和涉及各国的国家性质和现行政治体制等根本性的重要问题。这是不以人的意愿、兴趣为转移的"①。"谈行政,首先要弄清所行何政,当行何政,根据我国国情开展研究,我们所行是建设中国特色社会主义之政,这是研究的出发点。"②

(2) 行政组织。行政是组织的集体协调一致的活动过程。"行政组织是行政管理的主体,行政管理活动都是通过行政组织来推行的。行政组织是否精干高效,直接关系到行政职能的实现和行政效率的高低。"因此,作为影响行政绩效的重要因素,行政组织历来都是行政管理学研究的重要内容。通常来说,行政组织主要包括组织目标、机构设置、人员构成、权责体系、法规制度、物质因素六个要素,具有政治性与社会性、法制性与权威性、系统性与动态性等特性。夏书章教授指出,虽然行政组织的现象出现得很早,但是与其相关的研究,尤其是系统的理论研究直到近代才开始。19世纪后期,西方学者围绕行政组织开展了多角度的理论研究,并形成了不同学派;其中,"无产阶级革命导师对建立无产阶级革命政权进行了深入研究,形成马克思主义行政组织理论,成为指导我国行政组织建设的指导原则"③。

(3) 行政领导。领导是行政管理的一个重要功能和管理过程中的重要环节,直接影响行政效率。因此,行政领导也是行政管理学的恒久研究课题。夏书章教授指出,领导是一个动态的行为过程,是领导者、被领导者以及环境三个要素构成的函数,即领导 = f(领导者、被领导者、环境)。在行政管理工作中,行政领导既是行政管理协调、统一的保证,又是行政管理过程的战略核心,还是行政管理成败的关键。夏书章教授强调,立足于当下改革发展的现实国情,我国的

---

① 夏书章:《行政学新论》,中国政法大学出版社1986年版,第17页。
② 陈瑞莲、张紧跟、刘亚平等:《夏书章中国特色行政管理学思想及其发展》,载《中国行政管理》2008年第4期,第11~12页。
③ 夏书章:《行政管理学》(第四版),高等教育出版社、中山大学出版社2008年版,第72~89页。

行政领导应积极向公共领导转型。与传统的行政领导相比，未来的公共领导应当是具有"公共"精神的领导、政治或政策型领导、战略型领导，并且其活动范围不再局限于组织内部，而应扩展到"包括组织之间进行的复杂多变的外部环境下的领导活动"，应当比传统的行政领导更加关注组织内外的变化与其相应的公共管理问题①。

（4）行政决策。决策是现代管理的基本功能，无论是计划、组织、领导还是控制，都离不开决策。行政机关进行管理活动，首先必须根据客观实际情况和相关材料，确定行政目标与行政任务，并在此基础上设计出具体的方案、步骤、方法等。行政决策贯穿于行政管理的全部过程，其正确与否是决定行政管理效果的关键，"确定组织目标，制定各种战略和战术计划等，都需要在两个以上可供选择的方案中进行决策，这是计划工作中的决策问题；组织机构的设置，部门划分方式的选择，集权分权关系的处理，以及各职位人员的选配等，这些是组织工作中的决策问题；在控制过程中，控制标准的制定、活动执行情况的检查以及所采取的纠正措施的选择等，也都需要决策"②。

（5）人事行政。人事管理是指"组织运用一定的手段和方法，有效地把人的因素与物的因素合理地组合在一起，从而发挥他们各自的作用，实现组织管理目标"③，行政工作的成效，在于如何用人，如何通过一系列的规范、制度和措施进行管理，如何从这极其复杂的关系中找出规律。因此，人事管理既是一种管理实践，也是一门科学。人事行政与组织机构直接相联系，其重要性不言而喻，人事行政学或人事管理学已成为一门独立的分支学科。夏书章教授在自己的多部学术作品中提到人事管理，在他看来，人事管理是一项历史悠久、极其普遍、非常重要而又难度很大的工作，"得人才者昌，失人才者

---

① 夏书章：《行政管理学》（第四版），高等教育出版社、中山大学出版社 2008 年版，第 90～120 页。
② 夏书章：《行政管理学》（第四版），高等教育出版社、中山大学出版社 2008 年版，第 58 页。
③ 夏书章：《行政管理学》（第四版），高等教育出版社、中山大学出版社 2008 年版，第 121 页。

亡","要事业有所成就，必须爱才、惜才、求才，我们的社会主义事业更加注意人才问题，所以，我们说人事管理问题，人事工作，是一门大艺术、大学问、大科学"①。夏书章认为："全世界行政学研究中的共同趋势之一是强调人事管理，大多数国家的行政改革，都伴随着人事（或文官）制度的改革，就表明了这一点"，"事实上，人事制度好了，行政改革也就好办多了，所以，人事管理是举足轻重的事情"②。夏书章教授还著有《人事管理》一书，详尽地阐述了人事管理的重要性，谈到干部的四化建设、干部的考核和奖惩、各类工作人员的选拔、人事管理中人才规划和预测、人事管理立法、人事编制和机构设置等问题，为人事管理工作的改革和发展提出了一些具体的措施和想法③，他认为，"选贤任能、知人善任、用人之长、使人尽其才和发扬人才优势是人事管理的根本任务"④。夏书章教授尤其强调，应当将人事管理工作的重点放在人才资源的开发利用上，"要在就职的'人'和找人的'位'之间的双向选择中，尽一切可能和做最大努力，去争取做到'人适其位'，'位得其人'，使优秀人才引得进和留得住，工作热情和积极性得到充分的调动和发挥；并且，还能不断地挖掘各自的潜力，通过及时和适宜的培训，提高人员的整体素质"⑤。

（6）财务行政。自国家出现起就有了财政管理活动。广义地说，它包括预算、会计、决策和审计的全过程。狭义地说，是国家政权机关及团体为完成其本身的工作任务所需要的国家预算资金，在领拨、分配、使用等过程中所发生的经济业务。其中，又以公共预算为"现代国家治理的核心、公共管理的关键"。公共预算制度从宏观上

---

① 王锋、郭哲：《中国当代行政管理学的开拓者——夏书章先生行政管理思想述论》，载《中国矿业大学学报》（社会科学版）2015年第2期，第34～41页。
② 夏书章：《行政学新论》，中国政法大学出版社1986年版，第18页。
③ 王锋、郭哲：《中国当代行政管理学的开拓者——夏书章先生行政管理思想述论》，载《中国矿业大学学报》（社会科学版）2015年第2期，第34～41页。
④ 夏书章：《人事管理》，人民出版社1985年版，第55页。
⑤ 夏书章：《行政研究中应当重视的一些问题》，载《重庆行政：公共论坛》1999年第1期，第8～9页。

对政策制定构成财政总额约束，在中观上影响以战略重点为基础的资源配置和利用，在微观上不仅关系着资金使用情况，还会进而对公共服务生产和供给的效率产生影响，其最终目标就是"通过一系列制度确保财政资金的吸收和使用履行对公民的责任，实现财政问责"。夏书章教授指出，"1999年的预算改革标志着现代公共预算开始在我国建立。其主要目标是建立控制取向的公共预算"，"总体来说，目前预算改革的重点是在政府内部加强行政控制，人大预算监督虽有发展，但并未进入改革议程。最终建立现代公共预算，必须及时加强人大预算监督"①。

（7）行政方法。这是行政管理过程中采取的带有技术性的措施和手段，如系统法、计划评审法、关键线路法等。夏书章教授强调，掌握恰当的方法之于行政管理是非常重要的，"得法，事半功倍。不得法，事倍功半"，我国行政管理的指导思想就是"马克思主义的辩证唯物主义和历史唯物主义，坚持理论结合实际的原则，力求做到有的放矢和实事求是"。那么，面对众多的方法，应当如何取舍呢？夏书章教授说，"我们需要根据问题的性质和要求，进行精心选择和创造，贵能用得其宜"②。夏书章教授十分重视中国传统智慧中的管理元素，曾多次强调行政管理要善于"古为今用"，还分别以《"三国"智谋与现代管理》《〈孙子兵法〉与现代管理》《"文官"也应读"兵书"》等为题出版专著或发表文章，引导公共管理领域的研究者和实践者开阔思路，从中国传统行政管理思想中汲取营养③④。与此同时，夏书章教授还积极地介绍、提炼西班牙、新加坡等国家或香港等地区的先进管理模式，鼓励行政管理实践者博采众长，创新方式方法，将

---

① 夏书章：《行政管理学》（第四版），高等教育出版社、中山大学出版社2008年版，第151～163页。
② 夏书章：《行政管理学》（第四版），高等教育出版社、中山大学出版社2008年版，第8页。
③ 夏书章：《促进传统行政管理思想古为今用》，载《人民日报》2015年6月5日，第7版。
④ 夏书章：《行政管理学科研究顶层设计问题刍议》，载《中国行政管理》2011年第8期，第9～12。

这些跨时代、跨文化的公共管理资源因地制宜地为我所用①。夏书章教授于 20 世纪 90 年代早期先后完成的《香港行政管理》和《新加坡行（市）政管理》开创了区域行政研究的新范式，堪称国内区域行政研究的两部开山之作②。

（8）行政管理法规。也即是行政管理中的行政法律规范，它是行政管理的根据，是有效地实行行政管理的保证。夏书章教授认为，"在现代社会，行政管理与法律的结合是维护公民合法权利和实现公共利益的根本保证，是行政管理走向法治化管理的重要标志"③。事实上，早在 20 世纪 80 年代，夏书章教授就曾指出："在法律科学的各部门中，格外显得落后于形势发展的，恐怕要算行政法研究的工作了。"④ 他认为，在理论上，国家机关在执行与指挥活动中所发生的各种社会关系，一般应由行政法来调整，在顺利与有效地实现社会主义国家职能方面，行政法起着巨大作用。"无论从国家与法的理论、革命与建设实践、国家生活与人民福利等方面来考察，行政法应被放在社会主义法律体系中的重要地位，是完全可以理解的，也是必然的。我们应当予以行政法科学研究工作足够的重视。"⑤ "在行政管理方面，也应像刑事、民事一样，要依法办事，就必须有法可依。"⑥ 夏书章教授认为，有了明确的行政法规，以后对工作的检查、督促便有章可循，不符合规定的行为就可以得到纠正，遇到扯皮和侵犯合法权益的事，就可以诉诸法律（有的国家为此成立行政法院或类似的司法、半司法性质的机构）。机构重叠、职责不清、相互推诿、效率

---

① 张简：《在理论与实践之间：夏书章"应用型公共管理"思想及其启示》，载《中国行政管理》2016 年第 9 期，第 65～69 页。

② 陈瑞莲、张紧跟、刘亚平等：《夏书章中国特色行政管理学思想及其发展》，载《中国行政管理》2008 年第 4 期，第 11～12 页。

③ 夏书章：《行政管理学》（第四版），高等教育出版社、中山大学出版社 2008 年版，第 320 页。

④ 夏书章：《管理·法理·伦理》，法律出版社 1984 年版，第 247 页。

⑤ 夏书章：《管理·法理·伦理》，法律出版社 1984 年版，第 250 页。

⑥ 夏书章：《管理·法理·伦理》，法律出版社 1984 年版，第 257 页。

不高等现象,也可以避免或减少①。

**3. 夏书章教授关于公共管理学科发展的经典著述**

在中国行政管理学重建的时期,除了《行政管理学》,夏书章教授还连续推出了《行政学新论》《管理·伦理·法理》《管理·心理·医理》《行政学新论》《人事管理》《香港行政管理》《新加坡行(市)政管理》《市政学》《市政学引论》《市政管理八议》《中国城市管理》《〈孙子兵法〉与现代管理》《"三国"智谋与现代管理》《行政效率研究》《现代公共管理概论》《行政学奇才——周恩来》等二三十种专著、教材,涉及政治学、行政学、市政学、管理学等诸多领域,很多都是具有开山意义的经典之作。其中,《行政管理学》一书于 1985 年获中国行政管理学会优秀著作一等奖、1991 年获国家教委优秀教材一等奖;1986 年由中国政法大学出版社出版的《行政学新论》是改革开放后我国第一部系统研究中国行政管理学的专著,填补了我国行政管理学这一学科的空白,并获中国行政管理学会优秀著作一等奖;1984 年由法律出版社出版的短论集《管理·伦理·法理》还受到著名科学家钱学森先生的高度评价②。上述系列专著、教材的出版不仅阐明了学科思想内蕴,为学科构建了理论框架,并且引发了全国行政管理学教材、专著、工具书编写和出版的热潮。

此外,夏书章教授还发表了《当代中国政治和政治学》《开展中国行政管理学研究很有必要》《什么是行政管理学》《政府工作机构必须改革和改革之道》《在改革中建立行政管理科学体系》《创建有中国特色的社会主义行政管理学》《行政管理学的学科建设、参考借鉴和普及提高》《在改革中建立行政管理科学体系》《行政的实质在于行》《略论行政管理学的学科建设、参考借鉴和普及提高》《有中国特色的社会主义行政管理学必须建立和发展》《中国政治学》《行政学》《市政学世纪末展望》等百多篇学术论文,非常明确地提出了

---

① 王锋、郭哲:《中国当代行政管理学的开拓者——夏书章先生行政管理思想述论》,载《中国矿业大学学报》(社会科学版)2015 年第 2 期,第 34~41 页。

② 李功耀:《锦书承志钦泰斗 华章济世启学人——记中山大学教授、"中国 MPA 之父"夏书章先生》,载《财政监督》2002 年第 12 期,第 4~9 页。

构建中国特色的行政管理学科体系的意义、目标、原则、思路和方法，同时也为探索和构建中国特色的行政管理学体系做出了重要贡献。

上述一系列理论成果不仅明晰了公共管理学科的思想内涵与学科架构，也奠定了夏书章教授在中国公共管理学界作为引领者的地位，使之成为中国特色社会主义公共管理学的一面旗帜。在夏书章教授汗牛充栋的论著中，我们很难看到纯粹的学术演绎和脱离社会实际的概念推导，留给我们影响最深的是夏书章教授对国家、对社会、对人民、当然更包括对行政管理学科钟情一生的拳拳之心。

### 4. 直面中国公共行政学的真问题

在主持中国公共管理学科重建过程中，夏书章教授强调，学科较早引进，是学术界积极性的表现。但公共管理学科本是一门理论必须紧密结合实际的应用学科，不能仅停留于"纸上谈兵"，完全脱离实践。在夏书章教授看来，在旧中国长期的高度专制环境下建立的官僚机构，其所从事的管理基本呈现出有行政而无学、有管理而不规范不科学的局面，这就使得行政学毫无"用武之地"。"在那个时候，政府当局对行政改革根本不感兴趣，或者只是空谈一阵，做些表面文章。高等院校开设公共管理课程，无法做到学以致用。教学内容无非介绍外国如何如何，避免或很少接触中国现实"。尤其是在亲历了"十年动乱"时期的文攻武斗之后，夏书章教授痛彻地感到：行政管理学与不学、用与不用，事关国家吉凶福祸、顺逆安危和盛衰成败[1]。

在《行政学新论》中，夏书章教授指出："谈行政，首要的是先弄清所行何政、当行何政，根据我国国情开展研究，我们所行的是建设有中国特色的社会主义之政，这就是研究点。"[2] 对此，夏书章教授曾反复强调：我国的行政管理和行政学应当有中国特色，作为一门

---

[1] 李功耀：《锦书承志钦泰斗 华章济世启学人——记中山大学教授、"中国 MPA 之父"夏书章先生》，载《财政监督》2002 年第 12 期，第 4~9 页。

[2] 夏书章：《行政学新论》，中国政法大学出版社 1986 年版。

应用性极强的学科，"有必要深刻地了解国情，使理论密切联系实际"。他曾指出，行政学是一门理论同实践结合得很紧密的应用学科，必须注重实效、牢牢掌握和遵循"学以致用"的原则，把学习所得和研究成果用于目前和今后的中国改革实践，才能让行政机器正常、高效地运转①。以史为鉴，要想重建中国公共管理学科，并保持其旺盛的生命力，就必须直面真实社会中的现实问题，实事求是。

夏书章教授认为，"尽管（公共管理）学科的研究成果并非直接向现实生产力转化，但其在促进（或阻碍）有关科研成果更快更好地转化为现实生产力过程中的作用不可低估。例如，在关于行政效率的讲座中，英语过去对效率多作 efficiency，近已常代之以 productivity（即生产率、生产能力），意思就是行政管理能够促进或阻碍生产能力，便是明证"②。他曾说："行政的实质在于行"，或者说行政的要害、关键、精髓与根本在于"行"③。就行政而言，"政"是前提，精髓和着力点是"行"。"行"就是要行远自迩、切实可行、势在必行、身体力行、令行禁止、行之有效，就是通过运作、执行，把政治理想、纲领、计划、原则、方针、政策付诸实施，予以实现，或者见诸行动，使之成为事实④。由此可见，在夏书章教授看来，公共行政学的实质就在于"行"。公共行政学在学科性质上是应用型学科，实践原则是应用型学科发展必须遵守的重要准则。因此，对中国公共行政学科的发展而言，如果脱离了公共行政实践的真实环境，行政学理论也将失去生命力、失去存在的基本价值。

在1998年6月中国行政管理学会第三次全国代表大会上，夏书章教授再次强调，"行政科学发展的基本特点，在于应用性很强，必须注重其可行性、可操作性，忌发空议论，务求廉洁高效"。在总结学科建设经验时，他指出，我国过去对本学科的研究长期忽视，中断

---

① 夏书章：《行政的实质在于行》，载《人事与行政》1989年第6期。
② 夏书章：《世纪之交行政科学的发展——在中国行政管理学会第三次全国代表大会上的讲话》，载《中国行政管理》1998年第8期，第8页。
③ 夏书章：《行政的实质在于行》，载《人事与行政》1989年第6期。
④ 夏书章：《行政的实质在于行》，载《人事与行政》1989年第6期。

了很久，尽管经过改革开放后的"赶快补课"取得了较快的发展，但由于起步较晚，在应用、务实方面还存在一些问题。早期的行政管理研究介绍国外情况居多，对结合中国实际的研究明显不足。对此，夏书章教授认为，"探索解决问题的途径和方法，不外加大力度，在吃透有益的理论原则的同时，吃透中国国情，使研究更具有现实针对性，从而真正建立起有中国特色社会主义学科体系"①。事实上，"从最初提出经济改革、城市改革，到后来的转变政府智能，坚持可持续发展、注意行政效率与行政成本、关注知识管理等，夏书章始终坚持公共行政学为实践服务、为改革服务。夏书章教授一生对公共行政学的研究即全部应用于中国的现实问题的解决中。他在构建和不断探索中国公共行政体系时，强调的是'在改革中建立行政管理科学体系'；他追踪中国社会发展和改革的需要，不断拓展公共行政学的新领域"②。

夏书章教授不仅将中国公共行政学发展的实践原则作为一种学术思想进行阐发，而且在毕生的学术研究中始终结合中国公共行政的实践发展，面对公共行政的现实困境不断进行理论再造。在谈及未来的公共管理学科应加大理论联系实际力度，以解决改革实践中的问题时，夏书章教授一方面强调，应在继续吸收和借鉴国外科研成果的基础上"实行'洋为中用'，正像有些国家已经实行'中为洋用'（如国外研究《孙子兵法》等）一样"③，另一方面也十分重视对中国传统行政管理思想的古为今用。他强调，"从学科发展来说，借鉴国外的成功经验是必要的，但生搬硬套别人的东西是不行的，有时甚至是危险的。我们建设的是中国特色社会主义，我国的行政管理和行政管理学也应具有中国特色"，"有些人研究行政管理学，容易跟着西方

---

① 夏书章：《世纪之交行政科学的发展——在中国行政管理学会第三次全国代表大会上的讲话》，载《中国行政管理》1998年第8期，第8页。
② 朱正威、任剑涛、林鸿荣：《夏书章学术思想述评》，见《夏书章与中国公共管理》，中国社会科学出版社2008年版。
③ 夏书章：《世纪之交行政科学的发展——在中国行政管理学会第三次全国代表大会上的讲话》，载《中国行政管理》1998年第8期，第8页。

理论走，忽略中国的思想精华。而本土思想恰恰是我们应该高度重视的，应将中国传统智慧视为中国特色的一部分，作为我们超越西方理论的重要突破口"①。

**5. 学科名称的演变：从"公共行政学"到"公共管理学"**

夏书章教授敏锐地指出，关于行政学、行政管理或行政管理学、公共行政或公共行政学、公共管理或公共管理学，以及行政科学等学科名称问题，在改革开放以前其实并没有出现，但是时至今日，这个问题似乎又引起了不小的争论。

据夏书章教授讲，在中华人民共和国成立之前，旧中国的大学政治学系中已经开设了行政学课程，在当时的革命根据地和解放区，也都设有行政院校或政治学系，并不存在学科名称的问题。到了中华人民共和国成立初期，高校政治学系也都还普遍开设行政学课程，但不久之后，经过初步的课程改革，行政学就被改为了"行政组织与管理"。1952 年全国院系调整和课程改革之后，这门课就被宣布停止教学了。直到 20 世纪 80 年代中期，"随着政治学作为一门学科和课程重新确立（学科或专业和课程体系中通常少不了行政学）和行政改革的需要（涉及行政学的基本内容），行政学的教学研究也被纳入计划和付诸实践"。然而，随之而来的新情况就是，"行政管理学""公共行政学""公共管理学"以及"公共行政管理学"或略去"学"字的名称混杂使用，并相继出现了不同的解释②。

事实上，作为一个舶来品，public administration 自引进之初就存在着一个中译名称的问题。夏书章教授指出，"引进学科有其产生和发展的历史和现实背景，我们应当尝到原汁原味和认清本来面目，不能只看表面皮毛"③。如何推动公共行政学的本土化一直是他学术生

---

① 夏书章：《促进传统行政管理思想古为今用》，载《人民日报》2015 年 6 月 5 日，第 7 版。

② 夏书章：《行政学和行政管理学科名称杂议》，载《唯实》1997 年第 3 期，第 3～7 页。

③ 夏书章：《行政管理学科研究顶层设计问题刍议》，载《中国行政管理》2011 年第 8 期，第 9～12 页。

涯中高度关注的重要学术议题。具体到学科名称的问题上，夏书章教授指出，不能简单地认为在学科创建初期将 public administration 不译成"公共管理学"是出于随意性或偶然性。从"公共行政学"到"公共管理学"，实际上反映了学科从酝酿、形成到发展的艰辛历程①。

　　在《现代公共管理概论》一书的导言中，夏书章教授曾就学科名称的问题进行了系统的梳理和讨论。他指出，"在早期阶段，自关于'政治与行政'的讨论开始，政府办事程序、行政效率、官场习气等方面同时受到企业界对管理的研究、改善的压力和挑战，使注意和加强行政的研究提上议事日程。因此，作为这门新兴学科发祥地的美国，最初和相继问世的著作，都集中或侧重研究政府的行政理论和实践，行政学也就成了政治学的分支——二级学科。换句话说，当时把公共管理仅局限于研究政府组织与管理，译作'行政学'或'公共行政学'并无不当"②。此后，"行政学"或"公共行政学"逐渐由狭义的"公共管理学"发展出了更加丰富的内涵，在原有内容的基础上增加了一些包括非政府的或社会的众多公共管理内容。由此，"行政学"或"公共行政学"也逐渐有"行政管理学"或"公共行政管理学"的别称。夏书章教授指出，尽管这些名称之间到底有没有实质性的区别还尚未形成定论，但是，"其跨政治学和管理学两个领域和两者结不解之缘的趋势，则是不争的事实"。

　　夏书章教授明确指出，我们现在所讲的公共管理，主要是面向社会公众，关系到公众福利的事情。顺便说说，行政管理也有其广义的方面。汉语中的"政"并非总是指政府、政治、政务、政事、政纲、政令之类。财政、邮政等名词的专业性虽然已经很强，但仍属于政府工作。而过去人们常挂在口边的，如主持（医院的）院政、（学校的）校政、（工厂的）厂政等，则与院务、校务、厂务等意思相近或相同。其中就不分是公立的还是私立的，甚至家庭管理也叫家政。公

---

① 夏书章：《现代公共管理概论》，长春出版社2000年版。
② 夏书章：《现代公共管理概论》，长春出版社2000年版。

司、企业里的行政副总裁、行政副总经理等职衔早已司空见惯。无论是行政、管理，还是公共行政、公共管理，撇开名义、名词看实际、看实质，任何一个团体、单位、部门，从其筹划、建立、存在、发展，到日常运作，莫不包含大量必不可少的、大体相同或相似的工作项目如决策、计划、组织、人事、领导、协调、监督、财务等，有待进行或处理。也就是说，一架管理"机器"，有其设计、制造、组装、启动、操作、运转的"部件"和"枢纽"，还要负责排除"故障"，经常注意"检修"，加以"维护"或"保养"等。这类关系全局和全过程的事情，又往往是综合性的，需要统筹兼顾和有预见性，不能顾此失彼和鼠目寸光。

1982年，夏书章教授就曾在《把行政学的研究提上日程是时候了》一文中明确指出："'行政'惯指国家立法、司法以外的政务。实际上，任何公共或集体的办事机构，都有行政工作，连立法、司法部门本身也不例外。"① 1991年，在谈到行政管理在一个国家或地区发展中的重要作用时，夏书章教授又一次强调："行政管理有狭义和广义的区别。前者指政府部门的行政管理工作；后者则指非政府机构中的具有行政管理性质的工作。"② 由此可见，不同范畴和程度的行政管理（包括广义和狭义）具有公共管理性质，是肯定无疑的。

夏书章教授认为，在现代学科发展的进程中，学科之间互相交叉、渗透的趋势日益显著。在管理这一门类内部的各学科之间，尤其如此。公共管理研究的内容，在横向即平行方面与其他管理之间，或在纵向方面即直属分支学科之间，有或多或少的交叉、重复、雷同之处，将在所难免或无可避免。这比较突出地表现于管理的基本要素，或者主要环节、职能及要求等方面。特别是在理论原则上，互相参考、借鉴直到引用之处更多。例如，对环境和形势、组织和编制、人事管理和人力资源的开发与利用、领导和指挥、决策、目标、计划、

---

① 夏书章：《把行政学的研究提上日程是时候了》，载《人民日报》1982年1月29日，第1版。
② 夏书章：《香港行政管理》，光明日报出版社1991年版，第2～3页。

执行、财务管理、规章制度和遵纪守法、精神文明和职业道德、信息和咨询、协调和公共关系、办公室管理和后勤服务、效率和效益、监督和控制、改革和创新等问题,在各类管理中都有不同程度和角度的普遍意义。他还将五大一级学科之间的密切关系生动地形容为"你中有我,我中有你"的现象。他说,"'井水''河水'确是有区别,然而勿忘都是水,不能把'井水不犯河水'绝对化。同样好有一比,不要'胡子眉毛一把抓',也要记住'胡子''眉毛'同属'毛发类'"①。

夏书章教授关于公共管理学学科名称的一系列论述,不仅进一步明确了该学科的教学内容与课程体系,也系统梳理了该学科由初创、形成到发展、繁荣的历程,再次明确了"理论联系实际"的应用型学科特色,也为今后中国公共管理学的学科发展指明了方向。

对于现代公共管理,夏书章教授提出以下观点:

(1) 现代公共管理必须坚持以人为本。以人为本既是现代公共管理的出发点,又是管理绩效评估的根本依据。在实际管理中要践行为广大公众服务的宗旨,千方百计地调动人的积极因素,为创新型国家和小康社会建设做贡献。

(2) 现代公共管理必须注重全面发展。要统筹兼顾,忌顾此失彼,局部率先有所突破很有必要,但应及时抓紧扭转长期和严重发展不平衡的状况;有重点但不失策、失序和失控;除死角、补空缺和薄弱环节。

(3) 现代公共管理必须强调协调发展。摆正位置、理顺关系和配合支持,能向心凝聚实现社会和谐,有团队精神,部门协调互利共同进步。

(4) 现代公共管理要保证可持续发展。有战略眼光避免难以为继,保护环境以及保持生态平衡,节约和合理使用能源资源②。

---

① 夏书章:《现代公共管理概论》,长春出版社2000年版。
② 夏书章:《在科学发展观的指导下进行我国公共管理改革》,载《中国行政管理学会"落实科学发展观推进行政管理体制改革"研讨会暨中国行政管理学会2006年年会论文集》,2006年,第1～8页。

## 第二节 重建中国公共管理学的教学队伍

中国行政学科重建之初,由于学科停办了 30 年,面对的是学科断层、人才断代、师资奇缺的现状。为此,夏书章教授不仅在《文汇报》《光明日报》等报刊上连续呼吁:"必须发扬全国一盘棋的社会主义制度优越性,把有限而分散的人力、物力集中使用,尽快做出成绩,建立具有中国特色的学科",而且身体力行、率先开课授徒①。

在夏书章教授的积极呼吁和率先垂范之下,公共管理教育获得了迅速发展,在不到 25 年的时间里就涌现出了"各种形式、项目、计划、规格、品牌之类,不一而足,甚至可以说是应有尽有"②。对于学科初创时期的繁荣景象,夏书章教授始终保持着清醒的认识,并不断勉励学界同仁共同为建设有中国特色的行政学及其普及和提高而努力。他强调,"我们所从事的是行政管理专业。若问所行何政和所专何业,回答是,行建设中国特色社会主义之政,须勤政、廉政,专为人民服务当好社会公仆之业,应敬业、乐业"③。

这一时期,在全国大专院校中,行政管理课程和专业从无到有、从少到多。继可授予学士学位以后,又较快进入硕士和博士研究生专业目录。后者的布点也渐有增加,博士后流动站已开始运作。重点课程、名牌专业等都榜上有名。教育部人文社会科学百所重点研究基地中也有行政管理研究基地④。而这一切教育成果的取得都是来之不易的,尤其是在学科重建初期,如何解决师资短缺、确保教学质量成为摆在夏书章教授面前的一大难题。

---

① 任剑涛:《夏书章与中国行政管理学的重建》,载《中国行政管理》2008 年第 4 期,第 9~10 页。
② 夏书章:《行政管理学》(第四版),高等教育出版社、中山大学出版社 2008 年版,第 14 页。
③ 夏书章:《行政管理学》(第五版),中山大学出版社 2013 年版,第 6 页。
④ 夏书章:《行政管理学》(第四版),高等教育出版社、中山大学出版社 2008 年版,第 14 页。

## 一、开展短期培训

回忆起公共管理学科重建之初的艰辛,夏书章教授说,改革开放后随着政治学系的恢复,许多高等院校都先后开设了行政学这门新课和其他有关课程。行政学一时成为热门,师资短缺和各高校师资条件分布失衡的问题十分突出。这一现象的出现是有其历史因素的:学科引进初期的师资来源主要是为数不多的"海归"学者。而国内方面由于学科新设,需要考虑学习周期的问题。加上本科招生人数有限,政治学系内部一般又被分为三个组(即三个研究方向),行政学仅为其中之一。具有研究生资质的学科和院校更少,师资培训措施一时间很难提上日程,以致出现了一些为应急而转行的学者准备不足、匆匆"上阵"的情况,教学质量也因此参差不齐[①]。

为了解决行政学方向师资短缺的问题,充分保障该学科的教学质量和正常教学活动的顺利开展,1982年4月,中国政治学会委托复旦大学举办全国政治学第一期短训班,夏书章教授亲临讲授行政学课程,该培训起到"亮相、启蒙、播种"作用,吸引了一批有志于行政学、政府的优秀学员,为行政学科建设和发展打下了坚实的人才基础。如今活跃在全国政治学和行政领域中的中坚分子,不少人就是当年从该班学习后成长起来的学科骨干。如:刘熙瑞(国家行政学院教授,曾任公共管理教研部副主任)、杨海坤(山东大学人文社科一级教授,中国行政法研究会副会长)、唐代望(广东省行政学院教授,曾任副院长)、周志忍(北京大学教授、国务院学科评议组成员、教育部公共管理类学科教学指导委员会副主任)、桑玉成(复旦大学教授,曾任复旦大学国际关系与公共事务学院常务副院长,上海市社联党组副书记、专职副主席)、胡建淼(国家行政学院教授、法学教研部主任,曾任浙江大学副校长)、郑志龙(郑州大学教授,曾任公共管理学院院长)、董俊山(中宣部学习出版社社长)等,由

---

① 夏书章:《行政管理学》(第四版),高等教育出版社、中山大学出版社2008年版,第10页。

此，这期短训班被同行亲切地比作政治学和行政学界的"黄埔一期"①。

夏书章教授也十分重视管理干部的培训和师资队伍的建设。1982年11月，他应邀在教育部委托华中师范学院举办的（中南地区）高级干部进修班、卫生部委托中山医学院主办的全国医科院校校长研讨班、广东省高等教育局委托华南师大主办的高校教学管理班、中南矿冶学院干训班等讲授高教管理学、教学管理等专题；随后还继续在华中师范学院（中南班）、西南师范学院（西南班）、陕西师范大学（西北班）、北京师范大学（北京班）、东北师范大学（东北班）、华东师范大学（华东班）和江西师范大学（江西班）、浙州师范大学（浙江班）等高校讲授相同内容。

夏书章教授非常关注党政干部的培训，他连续在中国共产党中央委员会组织部、人事部举办的司局级干部学习班、全国市长研究班讲授"行政管理""人事管理""市政管理"；在国家教委行政管理学师培班、干训班讲课；在中央人民广播电台讲授"政治学与政治学会"；参加各种座谈会……夏书章教授为新时期中国行政管理、人事管理、市政管理、高教管理等，培植了理论根基和成批的教学研究及行政管理骨干。此外，夏书章教授在国家行政学院筹建期内便曾为培训班讲课，并在1988年发表专文认为"国家行政学院的时机已经成熟"。从全国政治学第一期短训班到党政干部培训，再到专业基地的筹建，夏书章教授参与推动的这一系列举措都为公共管理学科的重建和发展提供了宝贵的人才储备。

## 二、建立专业基地

短期培训可以解决急需，但长远之计还在于建立专业基地，夏书章教授为此不遗余力。1980年，他在北京参加中国政治学会筹备会期内，即会同十多位老一辈学者一起上书中央有关领导同志，建议在

---

① 任剑涛：《夏书章与中国行政管理学的重建》，载《中国行政管理》2008年第4期，第9～10页。

高校设置政治学系，系统地培养政治学、行政学人才。建议要培养专业管理人才，在普通高校内设置行政学系、专业，讲授行政学课程、开展行政学研究、成立行政学院、出版刊物等。

在夏书章教授和老一辈学者的奔走呼吁下，政治学专业和政治学系开始复建。1986年，国家教委首先在普通高等学校中批准了兴办行政管理（四年制）本科专业，同年，武汉大学开始在已有的政治学硕士点中开招行政管理方向硕士生。南京大学和厦门大学的政治学系得以恢复，中国人民大学的行政管理研究所也得以创建。1987年，南京大学开招政治学与行政学专业新生，中山大学恢复行政管理专业的招生。1990年以后，一些学校的政治学系学习北京大学和中山大学的模式，纷纷改名为政治学与行政学（或政治与行政管理）系。这些院系名称的变化即表明这一时期行政学专业得以逐步恢复或重建。

其中，中山大学就是在夏书章教授的影响与倡导下于1987年恢复建立政治学与行政学专业的（于1988年办系）；1994年起招收硕士研究生；还在新华社澳门分社的支持下招收澳门在职公务员攻读行政管理硕士学位，为澳门公务员本地化做出重大贡献，也为我国大学与境外合作招收行政学在职研究生开了先河；1988年6月，中山大学经国务院学位委员会批准，成为我国第一批行政管理学三个博士点之一。

由此，在短短几年的时间，行政管理专业已经在许多大学中开始设立。至1992年，中国的行政管理教育已经初步形成体系。从此，该学科向更高层次、更高品位发展。

在普通高校系列之外，公共管理学科的专业培训机构主要就是在各级行政学院。夏书章教授回忆道，在党中央的领导和关怀下，在中央党校以下已经形成了全国性的党校网络。在此基础上，遵循着精简高效原则，国家行政学院以下的各级行政学院为了充分、合理地利用教学资源，与相对于的党校实行了"一校两制"，同时安排两套培训计划。除了这些常设的培训机构，如有临时需要，还经常组织或委托普通高校举办一些以公共管理或行政管理为主题的专题学习或研讨班,这些培训活动都是非学历、不授予学位的培训性质。此外,出于回应基层工作的具体需要,也有部分中专水平的行政管理学校会开设一些临时培训机构,这种情况相对较少,并且与一般意义上理论结合实际的学科培训有所不同①。

1997年,国家教育主管部门修订了《授予博士、硕士学位和培养研究生的学科、专业目录》,新设管理学门类以及公共管理一级学科,将原属于法学门类政治学一级学科的行政学专业归入公共管理学科中,并更名为"行政管理"。这不仅仅是行政学专业学科归属上的变化,其更为深刻的内涵则是再次突出强调了该专业的人才培养模式应当以应用型为主,及时适应并满足我国市场经济发展和现代化建设过程中对于复合型、应用型公共管理人才的需求。

### 三、中国首届MPA班

从1924年美国锡拉丘兹大学麦克斯韦尔公民与公共事务学院首开MPA教育以来,MPA专业学位教育在欧洲、北美一些发达国家中,已经近百年的办学历史,它与MBA(工商管理硕士)、JM(法律硕士)一起成为欧美国家职业研究生教育的三大支柱②。1998年,夏书章教授年届80了,他在国务院学位办主办的《学位与研究生教育》上发表了《设置公共行政硕士专业学位的建议》,倡议引进MPA(公共管理硕士)专业学位教育。

在武汉大学首届MPA班开学仪式的演讲中,夏书章教授曾谈起我国从引进到独立开设MPA试点的经过。他说:"中国MPA的引入,正是中国加入WTO之时。国务院学位委员会对我国开设MPA慎重行事,专门组织专家论证,经过7个月精心筹备才设立的。可以说引进MPA是恰逢其时。"在论及中国引入MPA教育的意义时,夏书章教授指出,"经济改革的规律向来如此,改革到一定的阶段,如果政府

---

① 夏书章:《行政管理学》(第四版),高等教育出版社、中山大学出版社2008年版,第14~15页。

② 郭晓来、袁金辉:《中国MPA教育回顾与展望》,载《国家行政学院学报》2007年第3期,第86~89页。

体制不改革，就会妨碍经济的改革与发展。我国加入 WTO 后，最大的挑战就是政府管理，落实下来即公共管理人员特别是公务员的素质要提高。所以说引进 MPA 教育是一个大问题，其历史与现实意义凸显出来，它关系到国家的前途"①。具体来讲，他认为，中国加入 WTO 以后，公务员的素质、政府的管理水平、办事效率都将成为影响国家参与世界竞争的重要因素。引进 MPA 教育，无疑可以潜移默化地改变公务员的心态和行为方式，淡化权力欲和根深蒂固的官本位意识，推动政府管理水平和其他公共事务管理水平的提高，推动政府改革②。此外，他认为，随着中国非政府机构、非营利机构等公共机构的不断发展，如社会保障、公共卫生等领域，其公共管理水平也需要不断提高，这些都是发展 MPA 教育的基础和社会需求。对此，中央电视台"东方之子"节目曾专题介绍夏书章教授与中国 MPA 教育的发展情况，中央电视台第 10 频道节目组还邀请他做"关于加入 WTO 与引进 MPA"的专题讲座③。

在夏书章教授的积极倡导和推动下，1999 年 5 月，国务院学位委员会第 17 次会议审议通过了《公共管理硕士（MPA）专业设置方案》，决定设立公共管理硕士专业学位。2001 年 2 月，全国 MPA 教学指导委员会成立。北京大学、中国人民大学、清华大学、北京航空航天大学、北京科技大学、北京师范大学、中国农业大学、天津大学、东北大学、吉林大学、哈尔滨工业大学、复旦大学、同济大学、上海交通大学、华东师范大学、南京大学、浙江大学、中国科技大学、厦门大学、武汉大学、华中科技大学、中山大学、西安交通大学、国防科学技术大学等 24 所大学成为首批 MPA 试点院校。2001 年 4 月，中国首届 MPA 研究生正式入学，3500 名幸运儿组成了中国

---

① 何毅君：《"中国 MPA 之父"夏书章教授寄语 MPA 学员：厚望在心 重任在肩——中国首届 MPA 开班》，载《财政监督》2002 年第 5 期，第 42 页。

② 高小平：《夏书章与中国行政管理学》，载《中国行政管理》2008 年第 1 期，第 9～11 页。

③ 李功耀：《锦书承志钦泰斗 华章济世启学人——记中山大学教授、"中国 MPA 之父"夏书章先生》，载《财政监督》2002 年第 12 期，第 4～9 页。

首届 MPA 群体。这就标志着继工商管理硕士、法律硕士之后，中国也将培养出自己的公共管理硕士，国际文科职业研究生教育的三大支柱全都落户中国。由此，我国的公共管理学也实现了"从间接地提供知识到直接向实践工作者培训、从而进入决策和管理的深刻转变，大大缩短了科学研究与实践应用的距离"，使社会实践逐渐成为促进公共管理学迅速发展的重要动力①。

作为中国最早提出建立 MPA 制度的学者，夏书章教授为中国 MPA 教育的发展投入了毕生的心血和热情，是当之无愧的"中国 MPA 之父"。在中国 MPA 教育从无到有的创建过程中，夏书章教授全程参与了筹备工作、试点论证并且担任首届全国 MPA 教育指导委员会顾问，并且以 80 岁以上的高龄继续为中国 MPA 教育的健康发展四处奔走，培育新生和后备力量。

在 2001 年武汉大学首届 MPA 开学仪式上，夏书章教授激动地说："中国的 MPA 运筹了多年，现在终于开学了。就我个人来讲期待了半个多世纪，如果从 1946 年算起，到今年已经是 56 年了。"对于中国 MPA 教育的"黄埔一期"，夏书章教授曾对他们提出了殷切的期望：大家作为中国的首届 MPA，都是勇者与精英，对你们来说可谓是厚望在心，重任在肩！机遇与挑战是连在一起的，现在呈现在你们面前的既有机遇，也有挑战。希望大家都能养成终身学习的习惯，努力提高自身的综合素质，现在正是大家大展宏图的时候，中国 MPA 的希望寄托在你们身上。三年后，在华中科技大学首批 86 名 MPA 毕业之际，作为公共管理学院名誉院长的夏书章教授又亲自为毕业生颁发毕业证书。

夏书章教授认为，中国的 MPA 教育面临三个迫切需要解决的问题：师资、教材和案例。他说："MPA 的精神就是紧跟时代需求。我们的 MPA 教育只要紧密联系实际，就会走出自己的路子。"MPA 专业学位就是为适应我国社会公共管理现代化、科学化、专业化而设立

---

① 高小平：《中国改革开放以来行政管理学研究的进程和成就》，载《公共管理高层论坛》2010 年第 1 期。

的，其目标是为政府部门及非政府公共机构培养德才兼备、适应社会主义现代化建设需要的高层次、复合型、应用型公共管理人才。该学位的获得者应该是专家型通才，既要具备公共管理理论和公共政策素养，掌握先进分析方法及技术，熟悉某一具体公共管理或政策领域的领导者、管理者和政策分析者以及其他公共服务技能和较宽泛的知识面，又能综合掌握政治、经济、法律、现代科技等方面的理论与知识，以及定性定量分析方法，具有较高分析和解决公共管理与公共政策问题的实际技能①。

  作为一项新兴事物，MPA 教育的发展也并非一帆风顺。一纸 MPA 学位文凭到底是公务员职务升迁的"跳板"，还是标志着公共管理者的新"标杆"，曾一度引发社会热议。对此，夏书章教授明确指出，对 MPA 要有准确的定位。MPA 绝不是当"官"的"跳板"，要坚决摒弃 MPA 求高薪、求"高位"的错误思想。在 2005 年全国 MPA 教育研讨会上，夏书章教授还就 MPA 教育的教学方式和教育质量问题进行了反思和讨论。他指出，MPA 的教学方式不能单一地"一讲到底""老一套"，需要根据教学对象和教学目标的不同灵活采用"专题讨论、个案分析、读书报告、实地调查、咨询研究、征求对策、情景对话、现场论证"等不同的教学方式，并敢于不拘一格、不断创新。在谈及 MPA 教育的质量问题时，夏书章教授激动地说，"教育质量的重要性怎样强调也不为过。就 MPA 教育而言，质量高低的关键在于理论结合实践的能力和效果，在于能否学以致用。要做到并做好这一点，关键在于理论和实践都必须吃透，用于何处和怎么去用"②。

  夏书章教授求真务实的学术品格也深深影响着历届 MPA 学员。几位首届 MPA 学员回忆起自己曾经的求学经历时感慨道，公务员绝对不是什么"万金油"，相反，相比于企业管理，公共管理对管理者

---

① 何毅君：《"中国 MPA 之父"夏书章教授寄语 MPA 学员：厚望在心 重任在肩——中国首届 MPA 开班》，载《财政监督》2002 年第 5 期，第 42 页。
② 夏书章：《夏书章教授在"2005 年全国 MPA 教育研讨会"上的书面发言》，载《公共管理学报》2005 年第 2 期，第 90 页。

的要求更高。政府不可能破产，一旦决策失误，必然贻害一方。MPA学习不仅使他们对政治学、管理学、公共经济、行政法学、财政管理方面的理论知识有了更为系统、清晰的了解，更重要的是，也为他们今后的公共管理实践提供了科学指导。"读 MPA 时才真正意识到，政府的定位应该是什么，什么叫以人为本，怎样制定政策提高政府效能。"①

在夏书章教授的倡导和推动下，如今我国的 MPA 教育已经从无到有，从小到大，规模不断扩大，既填补了我国公共管理领域应用型研究生培养的空白，又开创了我国公务员培训的新途径。现在，MPA 开办院校已经由首批的 24 所，扩充至 227 所之多②，报名人数逐年增加。我国 MPA 教育的迅速发展，受到了广大公务员和社会各界的广泛欢迎，在社会上产生了很大反响，充分体现了 MPA 教育强大的生命力和广阔的发展前景。

### 四、身体力行，教书育人

1947 年，28 岁的夏书章从哈佛大学学成归来，被中山大学力邀任教，成为当年该校最年轻的教授。1998 年，经国务院学位委员会通过，中山大学成为第一批行政管理学三个博士点之一。如今，百岁夏老依然鹤发童颜，孜孜不倦地培养一届届博士生。每逢中山大学学位授予仪式，夏书章教授依然会双手擎起 5 公斤重的权杖，率领主礼教授队伍庄严入场，场景令人深深动容③。

夏书章教授对帮助国内其他高校行政管理学科的建设也十分热心，只要兄弟院校有需要，他总是伸出援手、热心扶持。他先后担任华中科技大学公共管理学院、中山大学政治与公共事务管理学院、浙

---

① 周志兵、李明、彭鹏：《MPA："跳板"还是"标杆"》，载《湖北日报》2004 年 8 月 12 日。
② 全国 MPA 教育指导委员会：《全国 MPA 培养单位》，http://www.mpa.org.cn/school-list，2017 年 7 月 10 日。
③ 何瑞琪：《"中国 MPA 之父"年近百岁仍执教鞭：不让白发逊黑头》，载《广州日报》，见 http://www.chinanews.com/gn/2016/07-06/7928949.shtml，2017 年 7 月 25 日。

江财经学院法学院的名誉院长,担任武汉大学政治学系名誉主任;兼任汕头大学、江汉大学名誉教授,受聘为中国政法大学、南京大学、西安交通大学、上海交通大学等著名大学的兼职教授①。他在各地所做的学术演讲,反响强烈,《人民日报》《参考消息》《南方都市报》等报刊也先后报道了夏书章教授的精彩演讲。他以其独到的见解,生动的论述,充实着中国行政管理的理论领域,不仅启迪并培育了一批又一批莘莘学子,也深深影响着广大行政管理干部的公共管理实践。

  2015年11月6日,在夏书章教授的大力支持下,广州大学夏书章公共管理研究中心正式成立。该中心以弘扬和光大夏书章教授学术精神,推动中国公共管理的研究和教育事业的发展为目标,主要研究领域包括夏书章先生的公共管理学术历程与思想、当前国际公共管理学术前沿、当下中国公共管理的实践前沿、中国公共管理的教育与发展。时任中国行政管理学会执行副会长兼秘书长的高小平教授对夏书章公共管理研究中心的成立给予了高度评价。他认为,中心的成立以及论坛中不同议题的探讨回应了中国在新形势下公共管理研究和创新的重大问题,其意义重大。他指出,30多年来夏书章先生始终引领中国和世界公共管理研究的前沿,领导和指导中国行政管理研究和教育的工作,其研究范围之广在国际行政管理学界甚至人类学术史上都是不多见的。中国行政管理学界需要更多的学者和研究生来专题研究夏书章先生,甚至需要建立一门"夏书章学",研究"夏书章现象"②。夏书章公共管理研究中心的成立,体现了在夏书章教授学术品格的感召和影响下,公共管理学术人和教育人对社会发展以及中国公共管理推进的使命感和责任感,也激励着越来越多的青年学者以夏书章教授为榜样,积极投身中国公共管理学科的建设与发展。

---

  ① 任剑涛:《夏书章与中国行政管理学的重建》,载《中国行政管理》2008年第4期,第9~10页。
  ② 广大新闻网:《南国公共管理研究生论坛在我校召开 夏书章公共管理研究中心成立》,见http://news.gzhu.edu.cn/guangdayaowen/2015-11-10/22456.html,2017年7月22日。

## 第三节 组建中国公共管理学的学术共同体

夏书章教授十分重视发挥学会或专业委员会在学科发展中的重要作用，他曾积极呼吁并参与组建了中国政治学会、中国行政管理学会、中国行政法学会、全国行政学教研会等众多学术团体。他说："事实上，我们中国自 30 年代中期就开始了行政学的教学和研究，40 年代曾建立过重实务的中国行政学会和纯学术的中国行政学学会，行政效率、行政革新，一度成为政府当局的热门话题。然而，内忧外患、战事连绵，政治腐败，何谈行政学的发展？新中国成立后，开始是把行政学改为行政组织与管理，但到 1952 年院系调整时，就不幸被取消了。"他曾动情地感慨道："成立研究机构非常必要，我们过去吃亏的地方之一就是对行政管理研究不够。智力机构有助于改进工作和提高水平，研究得好，可以减少和防止许多大的浪费。"①

### 一、筹建中国行政管理学会

在 1984 年 8 月国务院办公厅、劳动人事部在吉林市召开的行政管理学研讨会上，夏书章教授高声呼吁成立全国性的行政管理学会。会后，他作为中国行政管理学会筹备组副组长，为学会的成立积极奔走规划。在以夏书章教授为主要成员的筹备组的积极参与及筹备下，1988 年 10 月 13 日，中国行政管理学会正式成立。在此后近 30 年的发展历程中，学会共换届 6 次，前四届，夏书章教授一直担任学会副会长；第 5 届、第 6 届夏书章教授担任学会的名誉会长。自学会成立以来，夏书章教授一直参与领导学会各项事务，关注学会的发展。他十分热心地参与学会的工作，尽管年事已高，但每次开会，他都尽可能地参加，每次参加都会认真发言。如果实在不能到会，他总会认真地准备一个书面发言，郑重地拜托会议相关人员代为宣读，几乎每一

---

① 朱正威、任剑涛、林鸿荣：《夏书章学术思想述评》，见《夏书章与中国公共管理》，中国社会科学出版社 2008 年版。

个与会者都能从中体会到一个老知识分子对学会、对事业的那份沉甸甸的情感和深深的关注之情①。

在中国行政管理学会 2008 年年会上，夏书章教授曾专门以《记一个真正实在的学术团体——中国行政管理学会》为题，撰文回顾了中国行政管理学会由初创到繁荣的发展历程。夏书章教授指出，改革开放为中国行政管理学会的建立提供了宝贵的发展契机，"完全可以这样认为：没有改革开放，也就没有中国行政管理学会的成立和发展"②。为此，他特意对新旧时代，不同社会制度条件下，行政管理研究学会的组织进行了对比。他说：与行政管理学科的引进相比，旧中国行政学会成立相对较晚，于 20 世纪 40 年代初中期成立。与之相呼应的是，学会竟然也紧接着先后出现了两个，一个是 1943 年春成立的"中国行政学会"，会员多是政府机关高级行政人员，宣称侧重行政实务的研究；另一个是 1944 年夏成立的"中国行政学学会"，会员限定为大学教授，为纯粹的学术研究团体。"研究实务"和"纯粹学术"的标榜，显然把理论和实践截然分开，可能是世界学会发展史上的一大奇观。说是"唱对台戏"，其实是有"台"无"戏"。有"台"无"戏"就是徒有其名，形同虚设，是只挂招牌、装门面不干实事。在有些新手法的旧官僚中，不乏搞这一套的能手。他们往往把这种学会变成俱乐部式的联谊会，公款开支，有烟（研）有酒（究），至于行政实务，则较多可能是打打官腔，闲聊扯淡，直到拉帮结派，成为排斥异己的小圈子，那就不是原该唱的"戏"了。而教授们垄断的"纯粹学术"团体，同实践不沾边，亦只能是虚无缥缈的空中楼阁，或者满足于寻章摘句、钻牛角尖，还以此自鸣清高。

作为一个亲身经历和直接参与其事的见证人，夏书章教授对于新中国建立的中国行政管理学会的评价是，"这是一个真正实在的群众性学术团体。学会联系着学科，学科的存在和发展状况又反映于学会

---

① 任剑涛：《夏书章与中国行政管理学的重建》，载《中国行政管理》2008 年第 4 期，第 9～10 页。

② 夏书章：《记一个真正实在的学术团体 中国行政管理学会》，见《"建设服务型政府的理论与实践"研讨会暨中国行政管理学会 2008 年年会论文集》，2008 年。

的活动之中"。夏书章教授一贯倡导中国行政管理学会团结全国各方面的力量（包括理论工作者、实际工作者及各方有识之士），强调学会的群众性和广泛性，也十分重视学会服务于改革的宗旨，强调学会研究理论与实践的密切结合，他主张："中国行政管理学会将是一个群众性的学术团体。"他认定："学会的宗旨，在于加强有中国特色的社会主义行政管理学的研究，积极为我国行政管理改革工作做出贡献，也就是为改革服务。"在夏书章教授及其同事的努力下，中国行政管理学会一贯以广泛团结社会各界力量，研究行政管理科学，发挥参谋咨询作用，致力于促进政府管理科学化、法制化、民主化和现代化作为自己的宗旨开展各项工作。夏书章教授还长期担任学会建立的全国行政学教学研究会副理事长，使学会不仅整合全国同仁在研究问题、服务改革方面发挥力量，也在培养行政管理学专门人才方面聚集力量，发挥整体优势。

经过多年发展，中国行政管理学会已有会员过万人。该学会充分发挥自身优势，调动组织和吸引多学科、多层次的理论与实践工作者等优势研究力量开展集体合作，协力攻关。并于2001年期通过科研课题招标的形式吸引全国各地行政管理学界、政府有关部门和相关团体、个人积极参与科研合作，尤其是对公共管理领域中的一些重点、热点、难点问题开展深入研究。与此同时，中国行政管理学会也十分重视引导和推动专业领域学术组织的发展，已经在多个专业领域建立了相应的研究组织，主要有：1987年设立的全国行政管理教学研究会，1990年设立的县级行政管理研究会，1992年设立的政策科学研究会，1994年设立的后勤管理研究会，1996年设立的公安管理研究会，以及2006年设立的绩效管理研究会等。

据夏书章教授介绍，中国行政管理学会除了主办并公开发行《中国行政管理》这一学术刊物外，也会经常为学界同仁提供一些内部动态、通讯等学习研究参考资料，并与各国学术团体和国际组织建立了良好的学术交流关系。目前，中国公共管理学院已经成为"东部地区公共管理"（旧译"公共行政"）组织（即EROPA，Eastern Regional Organization of Public Administration的简称）和"国际行政科学学会"（即 IIAS，International Institute of Administration Sciences 的简称）等学会的成员，并参加领导工作和开展项目合作[①]。

二、指导学术杂志的发展

《中国行政管理》杂志是中国行政管理学会主办的一份综合性学术月刊。早在学会筹备之初，鉴于当时社会对行政管理学知识和理论的迫切需要，中国行政管理学会筹备组决定试办刊物先行一步，也可看作以办刊"探路""开路"。《中国行政管理》于1985年7月正式创刊，刊物为行政管理界提供了研究交流的平台，为学会开展活动提供载体，成为学术界和实践界不可或缺的重要阵地。

在担任中国行政管理学会副会长的同时，夏书章教授还长期担任该学会所办学术杂志《中国行政管理》的顾问，为杂志的健康发展出谋划策、尽心尽责，在办刊宗旨、风格定位等方面都给予了明确的指导。他谆谆嘱咐办刊人员，杂志要做到"虚实并举，点面结合"，"虚实并举"就是要顾及学术性、理论与和实践性、应用性的统一，"点面结合"就是要注意中国行政管理理论和实践中的"热点、难点、疑点、冷点、重点、视点、盲点、优点、缺点"，这也充分体现了他一贯倡导和坚持的治学宗旨。

在夏书章教授的指导下，《中国行政管理》杂志一直坚持理论与实践有机统一的办刊理念，"始终把政治方向放在第一位，在政治上与党中央保持高度一致，切实把杂志办成宣传党和政府主张的刊物、为党和政府中心工作服务的刊物"。《中国行政管理》杂志一方面紧贴政府工作中心，敏锐发现并把握经济社会发展中的突出矛盾和问题，积极建言献策；另一方面也把政府工作中需要解决的实际问题提升到理论的高度加以研究分析。与此同时，该刊还十分注重理论性、实践性与学术性的统一，"既着眼长远，又立足当前，既着眼理论，又侧重实践，既围绕上面，又扎根基层"。近年来先后选取并刊登了

---

① 夏书章：《行政管理学》（第四版），高等教育出版社、中山大学出版社2008年版，第16页。

以农村改革、基层事业单位改革、乡镇机构改革、城市社区建设、政务服务中心建设等为主题的一系列"贴地气"的研究成果,以期通过研究探讨不断完善和充实行政管理学科的内容和体系,进而推动中国公共管理科学的健康发展①。

从 2001 年起,《中国行政管理》杂志就开始为夏书章教授特别开辟了"夏老漫谈"的专栏,将其在公共管理学领域的学识与见解与社会分享,每期一个短评,或针砭时弊,或抒发情怀,或有感而发。夏书章教授以庄重与诙谐兼具的词锋、清新犀利的文风、锐敏深刻的视点,谈管理、说行政、讲改革、论现实,成为一道道独特靓丽的风景线,为杂志增添异彩。夏书章教授紧密结合中国公共行政的实践与现实,以小见大,从具体生动的现象分析中阐述自己的问题意识与学术主张。以《怒批懒政》为例,夏书章教授以李克强总理一次会议的发言为分析对象,进而阐释"三严三实"对贪污腐败、怠政懒政的治理意义,并通过延安时期的社会治理水平的回顾表达了自己对公共行政实践的期待②。《公职吃香》《城市交通》《高效政府》《反腐治庸》《行政区划》等大量文献都体现出夏书章教授对公共行政实践的高度关注并自觉将其作为学术研究的立足点。

经过 30 多年的发展,《中国行政管理》杂志已从每期 28 页的一本"小刊物",逐步发展为现在每期 128 页的"重量级"学术月刊。如今,《中国行政管理》杂志已经成为目前我国行政(公共)管理学科大型综合性期刊,被全国中文核心期刊要目总览列为"政治学类"第一位、"管理学类"第一位,并于 2012 年入选国家社会科学基金学术期刊首批资助名单(批准号 12QKA095)。现已入选全国中文核心期刊、中国人文社会科学核心期刊、中国权威学术期刊(RCCSE)、中国社会科学引文索引(CSSCI)来源刊、中国期刊全文

---

① 王澜明:《总结经验 发挥优势 开拓创新 再铸辉煌——在〈中国行政管理〉杂志创刊 30 周年座谈会上的发言》,载《中国行政管理》2016 年第 1 期,第 6~7 页。
② 夏书章:《怒批懒政》,载《中国行政管理》2015 年第 11 期,第 160 页。

数据库（CJFD）收录刊，在学术界和实践界享有盛誉①。杂志取得这些成就，与夏书章教授作为杂志的顾问，既"顾"又"问"，亦"引"亦"领"，为杂志发展出谋划策、大力支持密不可分。

2015年，在《中国行政管理》杂志创刊30周年之际，夏书章教授以97岁的高龄第一个向杂志社寄送了手写的纪念诗文，他寄语：

书　贺

**中国行政管理杂志创刊三十周年**

学会创刊三十年　众信此马果当先<br>
改革开放新机遇　学科补课永向前<br>
公管不忘三代表　科学发展喜无边<br>
践行核心价值观　实干兴邦梦必圆②③

## 三、助力其他学术团体的发展

除了参与筹建中国行政管理学会并长期致力其发展之外，夏书章教授先还积极参与中国政治学会、全国行政学教研会、中国行政法学、全国高教管理等教研会以及中国老教授协会等十多个学术团体的活动，并被推选为副会长、会长或顾问，夏书章教授数十年如一日地投身公共管理学科及相关学科的建设与发展，其中，中国国际教育交流协会、中国高等教育学会推选他为理事（1984年），中国法学会选举他为行政法学研究会顾问（1985年），"联合国文官制度改革国际研讨会"聘他为中方顾问（1985年）。在全国哲学社会科学"七五"规划会议期间，作为政治学规划小组成员和代表之一，夏书章教授于

---

①　中国行政管理：《〈中国行政管理〉杂志简介》，见http://www.cpaj.com.cn/ggzz_jj.shtml，2017年7月22日。

②　夏书章：《记〈中国行政管理〉杂志创刊三十周年》，载《中国行政管理》2015年第7期，第149～151页。

③　注："核心双冠"指《中国行政管理杂志》在核心刊物中两类排名第一。

1986年11月在人民大会堂接受中央领导同志的亲切接见。在中国行政管理学教学研究会成立后，当选为第一、第二任理事长（1987年7月起）。1989年，我国被国际行政学会和第21届大会和亚太地区行政学会接纳为会员国，这标志着我国行政管理学科的国际合作与交流进入新的阶段①。

改革开放以来，在夏书章教授的主持、参与和支持下，我国的30个省、自治区、直辖市和7个副省级城市都已相继建立了行政管理学会，尤其是在中国行政管理学会成立之后，这些学术团体在促进科学研究、传播公共管理科学知识、为政府公共管理实践建言献策方面做出了卓有成效的贡献，极大地促进了行政管理学科理论与实践的迅速发展。

### 四、激励新一代公共管理学者

为了弘扬夏书章教授的学术研究精神，促进中国公共管理研究持续繁荣发展，中山大学于2015年设立"夏书章教育发展基金"。夏书章教授本人也对该基金会的建立和发展给予了积极的支持并寄予殷切的期望，希望能够以此为平台更好地激励年轻一代公共管理学子积极投身公共管理研究。其中，"夏书章国际公共管理研究生奖学金"就是夏书章教育发展基金下设子基金之一，该项奖学金旨在弘扬夏书章先生的学术研究精神，促进中国公共管理研究对国际社会的影响，鼓励国际学生为中国公共管理学术研究的未来发展与创新添砖加瓦。2017年6月23日，中山大学政治与公共事务管理学院27名来自南美洲、非洲等15个国家的国际学生参加了2017年度的"夏书章国际公共管理研究生奖学金"颁奖仪式②。

夏书章教育发展基金会还于2017年决定设立"夏书章公共管理优秀博士论文奖"，旨在弘扬夏书章先生学术研究精神、促进中国公

---

① 朱正威：《为中国行政管理学科的重建奠基领跑》，载《中国行政管理》2012年第1期，第16～17页。
② 中山大学新闻网：《夏书章国际公共管理研究生奖学金颁奖仪式举行》，见http://news2.sysu.edu.cn/news01/150369.htm，2017年7月22日。

共管理研究持续繁荣发展、发现、培育和建立高品质研究成果，鼓励公共管理学科年轻一代进行高质量的学术探索与学术创新。中山大学副校长杨清华指出，目前恰逢"双一流"建设关键时期，也是政治学和公共管理学科发展绝佳时期，"夏书章公共管理优秀博士论文奖"的设立不仅对弘扬夏书章先生的治学精神有着极其重要的意义，也是推动中山大学和其他兄弟院校携手并进，共同促进学科发展的重要契机。清华大学任剑涛教授表示，设立"夏书章公共管理优秀博士论文奖"具有三个重要意义：一是弘扬夏书章先生的家国情怀，鼓舞后辈以国家意识为引导，为国家发展做贡献。二是发挥夏书章先生的楷模作用。百岁人生经历中，夏书章先生从来都不畏艰难，把国家发展和个人发展紧密结合起来。人生不易，需要垂范，夏书章先生就是人生典范。这个奖不仅是对青年学者的奖励，更是要引导青年如何树立正确的人生观。三是学术传承的重要意义。公共管理学科发展与夏书章先生是结合在一起的，只有以夏书章先生的名字命名的学术奖，才能把夏书章先生的精神传承下来。中国行政管理学会高小平副会长也对"夏书章公共管理优秀博士论文奖"的设立寄予厚望，盼其发展成为公共管理学界的"诺贝尔奖"。

夏书章教授本人也亲自参加了"夏书章公共管理优秀博士论文奖"评审启动发布会，表示非常欣慰能看到公共管理学科发展蒸蒸日上，同行遍布祖国大江南北，并感慨近代中国发生的翻天覆地变化，认为政治学和公共管理学科大有发展前途。夏书章教授亲笔所书的"善政天下，良治中国"八个字，深切表达了他对未来国家发展和学科发展的寄望。根据2017年首届公共管理优秀博士论文奖评奖公告，该奖项每两年评选一次，凡是中国内地高校于2014年到2017年间获得博士学位的公共管理（一级）学科博士论文都有资格参与评选，首届"公共管理优秀博士论文奖"将于2018年3月在中山大学召开的"夏书章中国治理高层论坛"上正式颁发。该奖项的设立不仅希望充分表达夏书章教授对学科未来发展的殷殷期望，也是对中国公共管理学界每一位辛勤付出的博士生导师的敬重①。

此外,在夏书章教授的鼎力支持下,在其长期执教的中山大学政治与公共事务管理学院也设有"夏书章教授奖学金",用以鼓励该学院公共管理本科生和研究生勤奋学习、全面发展②。

在这过去 30 多年中,无论在教育还是科学研究方面,夏书章教授都为我国公共管理学的重建做出了不可或缺的重大贡献。作为新中国公共管理学的开创者和奠基人,夏书章教授既是一位理论家,又是一位倡导者,他将自己的一生都倾注在行政管理学科的研究上,为公共管理学界的后辈们树立了榜样。他强调"在改革中建立行政管理科学体系",他追踪中国社会发展和改革的需要,不断拓展行政管理学的新领域,为恢复和发展中国的行政学科建立了卓越的功勋。是他,开创了中国行政学界许多"第一",营造了学科整体框架,拓宽和加深了学科研究领域;是他,授课、培训,造就了中国政治学和行政学的"黄埔一期",培育了一大批行政管理、人事管理和市政管理人才;是他,积极呼吁并参与组建中国政治学会、中国行政管理学会、中国行政法学会、全国行政学教研会等十多个学术团体;也是他,老骥伏枥,志在千里,直到晚年也没有选择静享天伦之乐,而是不遗余力地积极推动着中国行政管理学的繁荣和发展,在课堂内外积极延续着自己的学术生命和社会使命。

---

① 中山大学政治与公共事务管理学院:《善政天下,良治中国——"夏书章公共管理优秀博士论文奖"评审启动发布会成功举办》,见 http://sog.sysu.edu.cn/zh-hans/node/3703,2017 年 7 月 22 日。

② 中山大学政治与公共事务管理学院:《中山大学政治与公共事务管理学院夏书章教授奖学金评选细则》,见 http://sog.sysu.edu.cn/zh-hans/node/3675,2017 年 7 月 22 日。

# 第六章　夏书章对中国公共管理学科体系的探索

夏书章教授是中国公共管理学的开拓者和奠基人，他一贯强调：我们所要致力的是"创建有中国特色的社会主义行政管理学"。夏书章教授多次指出："问题的关键，似集中在中国特色这一点上。本来，我们要建设的是中国特色的社会主义。那么，我国的行政管理和行政管理学便都应当具有中国特色，是不言而喻的。"这是他毕生的追求。

公共管理学要想作为一个独立的学科存在下去，而且有所发展，首先要做的就是确立自身不可替代的地位，即具有自己的研究范畴、研究对象、内容和方法论体系。夏书章教授在借鉴西方发达国家行政学理论成果的基础上，结合中国的实际国情，探索并初步确立了中国公共管理学的学科体系。他的贡献可以概括为三点：确定公共管理学科体系的基调，梳理公共管理学科体系的学科脉络，拓展公共管理学的分支学科。

## 第一节　确定公共管理学科体系的基调

夏书章教授对确立中国公共管理学的基础和宗旨十分重视，其代表作《管理·伦理·法理》《管理·心理·医理》《行政学新论》《行政管理学》等著作中的论点，集中体现了夏书章教授关于中国公共管理学科建设中的基本主张，确定了中国公共管理学科体系的基调，可概括为以下四点。

## 一、强调社会主义大管理的概念

夏书章教授强调,"社会主义现代化的管理"不是"小管理",而是"大管理"。夏书章教授认为,社会主义现代化的管理,绝不限于某一学科、某一领域,而是要在讨论管理的同时,也关注法理、伦理、心理、民主与法制建设以及规章制度上的完善。既要谈传统意义的行政管理,在内涵上挖深,也要在外延上充分拓展。他所讨论的行政管理学,既把行政组织、行政领导、人事行政、行政决策、行政监督等作为主要内容,也非常关注市政管理、教育管理、行政效率、知识管理、管理文化等更广阔领域的研究。夏书章教授指出,中国特色的行政管理学研究必须注意与相关学科的交叉渗透。他认为:"行政学不是一门孤立的、狭隘的学科,在研究过程中必然遇到与其他学科的相互交叉、渗透的情况。因此,诸如政治学、经济学、财政学、法学(尤其是行政法学)、社会学、心理学、管理科学、领导科学……的知识,多多益善。"① 所以,也有人把他的学说称为"广义行政学"。

其中,夏书章教授经常谈及行政管理学要与行政法学联系起来,指出行政管理要依法而行,不可离开必要的行政法规,才能健康开展和行之有效,而行政立法又不能脱离行政管理实践,否则容易陷入空洞虚泛,两者只有相辅相成,才能相得益彰。② 他早在中华人民共和国成立初期就专门撰文强调要加强行政法学研究,强调"行政"与"立法"的内在关系。③ 改革开放后,他又抓紧机构改革和新宪法草案讨论的机会,相继发出呼吁,再次强调行政立法的重要性。④

1984 年,夏书章教授出版了《管理·伦理·法理》的短论集,

---

① 夏书章:《关于我国行政学研究的历史概述、现状简析、前景初望并兼谈几个问题》,载《社会主义研究》1990 年第 3 期。
② 陈瑞莲、张紧跟、刘亚平等:《夏书章中国特色行政管理学思想及其发展》,载《中国行政管理》2008 年第 4 期。
③ 夏书章:《加强行政法科学研究》,载《政法研究》1957 年第 2 期。
④ 夏书章:《机构改革与行政立法》,载《人民日报》1982 年 3 月 15 日;夏书章:《从宪法修正案看行政立法的任务》,载《人民日报》1982 年 6 月 29 日。

进一步系统阐释了三者之间密切的内在联系。在《管理·伦理·法理》的"代序"中他明确指出,"社会主义现代化建设离不开现代化的有效管理、高效管理、速效管理","在社会主义现代化建设事业中,诸理之间存在着深刻的、密切的内在连续。可以说是诸理相通,其理一也"。他认为,管理工作当中"必须大力调动人们的积极性和保持旺盛的进取心以及高昂的'士气'。这就涉及人的思想觉悟、道德品质、精神状态和精神文明程度等伦理范畴"。而"好的、上轨道的管理工作少不了必要的、健全的规章制度",因此,需要"建立和健全各种规章制度,需要做大量的行政立法工作"。而其在1987年出版的《管理·心理·医理》短论集,更是独树一帜,以"会诊""自我诊断""机体先天不足""活血化瘀"等医理借喻现代管理中的问题,可谓通俗易懂,令人耳目一新又发人深省。

## 二、坚持以马克思主义为学科建设指导思想

夏书章教授非常强调在发展中国公共管理学科上要坚持以马克思主义为指导。20世纪50年代他改行讲授马克思主义基础的特殊经历,使他对马克思主义的基本理论有着比较清楚地把握,尤其他亲历了近一个世纪来中国社会的阵痛和巨大变革后,他对马克思主义中国化的意义有着深切的体会。在他主编的《行政管理学》第一版"序"中他明确指出:"在行政学教学和研究领域中,存在坚持马克思主义基本观点、批判资产阶级自由化观点的问题。我们不能在有意和无意中,以为行政学是一门应用学科而对此有所放松或疏忽,同样要体现'坚持、补充、批判、澄清'的精神,即坚持马克思主义基本观点,增补以马克思主义为指导的新的研究成果。"

在学科建设中坚持马克思主义为指导,是夏书章教授的一贯主张,在1984年出版的《管理·伦理·法理》的"代序"中,夏书章教授就指出:"只有采取马克思主义的立场、观点、方法去解析一切现象,才能得到合乎科学的解答"以"充分显现社会主义制度的优越性"。在1987年出版的《管理·心理·医理》一书的"开篇"中,在分析当前"管理机构、体制不合理,人员配备不得当和素质欠佳"

等病象之后,夏书章教授也谈道:"从理论上来讲,在社会主义的条件下,管理方面所出现的毛病,没有'不治之症'。我们自觉地进行改革,就是旨在励精图治,而且,最根本的一条是我们的事业是正义的,只要坚持改革,便会永远立于不败之地。"在《夏老漫谈》中,夏书章教授也提到:"辩证唯物主义与历史唯物主义作为马克思主义三个组成部分之一的哲学理论,是放之四海而皆准的哲学。与之一脉相承的毛泽东思想、邓小平理论、'三个代表'重要思想和科学发展观的正确性,早已逐步由中国革命、建设和发展不断取得的伟大胜利所证实。"① 正是从这一立场出发,夏书章教授一直以来都倡导在建设有中国特色的社会主义行政科学体系时,必须始终贯串一条红线,就是以马克思主义、毛泽东思想特别是邓小平理论为指导思想。

### 三、坚持密切联系中国现实国情

夏书章教授要求在创建中国特色的社会主义行政管理学时,必须密切联系中国现实国情,要时时、事事、处处关注并尽可能亲身参与中国改革的实践,多次强调要围绕"一个中心、两个基本点"这条基本路线分析、研究当代中国政治体制改革的实践,要站稳立足点,满腔热情地去参与、研究现实的政治体制及其运作过程,分析成功的经验和失败的教训,从中找出规律性的东西,尽力为中国改革提供典型案例、理论依据以及对策方案,为中国的公共行政实践提供指导,解决中国的现实问题。"马克思主义不是教条,紧接着的是理论必须联系实际,各国各有具体的国情,要处理和解决好本土化的问题。"② 不仅如此,通过夏书章教授的著作本身可以看出其倡导的论述风格——有着明显的"本土化"特征的话语方式,也就是"说中国话"。③

1990年,夏书章教授进一步专门撰文指出,建设具有中国特色

---

① 夏书章:《哲学该热》,载《中国行政管理》2011年第7期。
② 夏书章:《应当研究》,载《中国行政管理》2017年第3期。
③ 任剑涛、刘云东:《夏书章的行政伦理思想研究》,见《夏书章与中国公共管理》,中国社会科学出版社2008年版。

的公共管理学必须明确六个问题①。

（1）关于既要明确注意又要正确对待其他国家和地区行政学研究的情况、经验和成果的问题。在开始阶段，介绍有关内容是无可避免的，以后还要经常参考借鉴。但是必须要以我国国情为依据，不能照搬照套、"生吞活剥"，而是要取其长去其短，在为我所用上狠下功夫。这就要求对国情有深刻了解，增强识别和"消化"能力，切忌食洋不化。

（2）关于既要留心前人成就，又不因循守旧的问题。我国历史悠久，在行政管理工作经验中有糟粕也有精华，更重要的是能知弃取。不是泥古、复古、食古不化，而是古为今用。国外管理学界已在研究我国古代管理思想，并认定《孙子兵法》为世界最早论管理的典籍等，对我们不无启发。但绝不是"发思古之幽情"，到故纸堆中去讨生活，置现实状况于不顾。

（3）关于社会主义和资本主义有本质和原则不同的问题。应保持清醒，不可模糊、混淆二者的界线。在参考、借鉴中须以我为主。在这个前提下，要善于区分具体方法、技术和理论、宗旨等的性质。我们真正、唯一的宗旨是为人民服务。资本主义国家虽也标榜为"公仆"，但其实质决定了那只能是表面文章。

（4）关于在科学与经验之间必须重科学的问题。科学社会主义事业的本身要求我们一定要按科学办事，彻底摆脱愚昧，从落后状态中解放出来。在行政学研究中，亦必以科学的世界观、方法论即辩证唯物论和历史唯物论——马克思主义哲学为指导思想。对于经验要进行科学总结，合乎科学的经验才有价值，力求避免犯经验主义的错误。

（5）关于在研究中要十分重视理论紧密联系实际的问题。这虽是老生常谈的事，但对行政学研究格外重要。理论联系实际，即要实事求是、讲究实效，不脱离实际高谈阔论和纸上谈兵。理论学习、研

---

① 陈瑞莲、张紧跟、刘亚平等：《夏书章中国特色行政管理学思想及其发展》，载《中国行政管理》2008年第4期。

究与实际运用即付诸实践之间的桥梁是使两者相结合的创造性的思考，还要力求对理论和实际都能吃透，才能如水乳之交融。行政学研究为此必须得到实际工作部门的支持。

（6）关于同邻近、相关学科沟通、配合的问题。行政学不是一门孤立的、狭隘的学科，在研究过程中必然会遇到其他学科互相交叉、渗透的情况。

1991年，夏书章教授在其主编的《行政管理学》教材第一版"序言"中，他再次指出："问题的关键，似集中在有中国特色这一点上。本来我们要建设的是有中国特色的社会主义。那么，我国的行政管理和行政管理学便都应当具有中国特色，是不言而喻的。"① 与此同时，在第三届全国 MPA 论坛开幕式的讲话中，夏书章教授再次提到理论联系实际以及本土化的问题。"理论如何联系实际？怎样本土化，根据我们的国情培养、提高？……这就很有中国特色。今天讲'节约型社会'，讲'和谐社会'，不要以为这是口号，这是非常了不起的事！全世界都为之瞩目。社会和谐、世界和平，是很得人心的。面对这些，我们的教育也要到位。无论是教学人员，还是学习人员，这是一项长期努力的基本功，即要吃透我们自己的情况，不断教育、提高。"②

### 四、强调要批判地引入国外先进行政学理论

1985年8月，联合国组织在北京召开了世界不同地区文官制度改革国际研讨会，夏书章教授被聘为顾问出席会议，并获得英国学者所赠的由约翰·格林伍德和戴维·威尔逊合著的《英国行政管理》一书，随即请其夫人汪淑钧教授翻译成中文，该书于1991年12月在商务印书馆出版，开启了国内行政学界研究外国行政管理著作的先例。③ 夏书章教授指出："作为万物之灵的人类，从来就有借鉴别人、

---

① 夏书章：《行政管理学》"序言"，中山大学出版社1991年版，第1页。
② 夏书章教授2005年12月9日于武汉大学在第三届全国 MPA 论坛开幕式上的讲话。
③ 陈瑞莲、张紧跟、刘亚平等：《夏书章中国特色行政管理学思想及其发展》，载《中国行政管理》2008年第4期。

异地、外国理论、经验的聪明。说这是一条普遍的规律，也不为过，而是符合实际的。这个道理，与古为今用一样，是一个择善而从的问题。……那些自我禁锢、封锁、孤立的思想、主意、政策，其实按其本质来说到底无不非愚即妄。许多物质文明和精神文明包括科学文化的内容，追本穷源，都是通过各自的创造和互相学习而逐步得到并共同发展和提高而来的。"

与此同时，夏书章教授也一再强调："关于'洋为中用'，重要的是注意'为我所用'和'以我为主'，即以我为主体和由我操主动权。同样要研究用什么和怎么用，不是不加选择，亦非不顾国情。""引进学科有其产生和发展的历史和现实背景，我们应当尝到原汁原味和认清本来面目，不能只看表面皮毛。学科引进了，其原来依附的自然和社会时代环境都无法引进。若不分青红皂白，一律囫囵吞枣、依样画葫芦、机械照搬，就会水土不服、对不上号，甚至先入为主，形成偏见，或认为应削足适履。"诚然，一套理论、一种学说的形成是有其历史背景、文化土壤以及物质基础的，只有在与之相适应的环境的条件下才能够有效地发挥其对实践的指导作用。西方国家，在历史背景上，属于海洋文明；在文化背景上，多属于基督教国家；在物质基础上比中国丰富得多。而中国，在历史背景上，属于黄土文明；在文化背景上，属于多宗教或无宗教的集权国家；在物质基础上，一穷二白，两者有着明显的不同。正是基于这样的考虑，夏书章教授认为，在引入西方国家的先进行政理论时，有必要考虑到中国的现实国情，并在马克思主义的指导下对其理论进行一定的梳理、删减、补充以及完善。"无用、不用、用得不好或用错了，研究即将瞎忙、空忙、白忙一阵，还可能欲益反损。问题的关键在于研究应力求吃透立国之本、主要和基本国情，必要时还有省、自治区、市、县、乡镇村等实情。这是实行'洋为中用'的要害所在，切不可掉以轻心。"[1]

---

[1] 夏书章：《行政管理学科研究顶层设计问题刍议》，载《中国行政管理》2011年第8期。

## 第二节 梳理公共管理学科体系的脉络

由于公共管理学课程停开和公共管理学学科建设中断了30多年，在师资力量、学术研究队伍、基础性教材以及科研成果方面，都是极其匮乏的。加之较长时间公众对行政问题存在错误的认识，以及极"左"思潮对行政学研究的惯性影响，导致行政管理学重建过程中存在着公共管理学学科内涵亟待深化、学科外延亟待界定、研究重点亟待明确，以及研究法方法亟待规范四大问题。夏书章教授奔走呼吁、组织力量、身体力行，理清了行政管理学学科体系的脉络，初步解决了上述四大问题。

### 一、深化公共管理学的内涵

众所周知，"行政""行政管理""公共行政"与"公共管理"这几个概念之间的异同问题一直是我国行政管理学界争论不休的问题。例如，有人认为"public administration"是指公共行政、行政管理，而"public management"才是公共管理。对这个问题，夏书章教授在有关著述和不同场合均对其做了中国式的解读，明确阐述了自己的观点，为我们科学理解和正确把握行政管理学的基本概念指明了方向。[①] 夏书章教授在其早期的呼吁性文章中指出，对"行政"概念的澄清有助于确立起作为一门科学的行政学。他说："'行政'这个概念特别容易引起人们的误解。"[②] 而这种概念上的误解会让一些人认为行政就是一些事务性的工作，是一种"万金油"式的工种，从而认为行政并不是什么学问，没有什么科学性可言，不值得研究。从理论上讲，这种误解会妨碍作为一门科学的行政学的研究，而从实践上讲，对行政学缺乏研究则会直接导致"行政效率不高"等弊端。因

---

① 陈瑞莲、张紧跟、刘亚平等：《夏书章中国特色行政管理学思想及其发展》，载《中国行政管理》2008年第4期。
② 夏书章：《把行政学的研究提上日程是时候了》，载《人民日报》1982年1月29日。

而，夏书章教授认为，对这些概念进行梳理和界定是一件十分有意义的工作。

（1）夏书章教授强调，行政离不开政治，对行政管理概念的界定必须立足中国国情，不能简单地人云亦云，机械照搬。

这与夏书章教授关于建设中国公共管理学科"密切联系中国现实国情"的理念也是相通的。夏书章教授反复强调在"行政"二字中，"政"是前提，是"行"的目的。在《行政学新论》中，夏书章教授在介绍"行政学产生的历史背景"和"行政学的建立"等章节中提到："行政终究要根据一定的政治任务和目标来考虑、来行动，所以，不管怎样，行政学要完全摆脱与政治学的关系是不可能的。资产阶级行政也是为其政治服务的，他们的学者不能不承认这一点"，"所以，行政学的深入研究，必然要接触和涉及各国的国家性质和现行政治体制等根本性的重要问题。这是不以人的意愿、兴趣为转移的"，"在不同的政治制度下，行政学研究的目的、作用、指导思想、理论原则和分类方法，等等，也不相同。"

也就是说，谈行政，首要的是先弄清所行何政、当行何政，根据我国国情开展研究，我们所行的是建设有中国特色社会主义之政，这是研究的出发点。在公共管理学领域，不存在什么放之四海而皆准的教条。夏书章教授用一个非常通俗的比喻对这个问题进行了形象化的解释：譬如红茶，我们中国人就把它叫作"红茶"，而英语中则称之为"black tea"，如果把红茶译成"red tea"，或者把"black tea"译成"黑茶"，显然都有悖于中文或者英文的原意。因而，对于"public administration"的理解，我们不能简单地说必须翻译成"公共行政"，而将"行政管理"一棍子打死。夏书章教授明确地说："原文'public administration'中的'administration'是多义词，因其从研究政府管理开始，故译为行政学或略去公共并无不当。"[①]

---

① 夏书章：《公共管理的旧貌新颜和发展趋势——公共管理面面观》，载《公共管理学报》2004 年第 1 期。

(2) 夏书章教授强调，行政的实质在于行，且要依法而行。

谈到行政管理学学科实质，夏书章教授认为着力点是"行"。在《行政学新论》中，夏书章教授提到："'政治'一词，把'政'和'治'两个字联系在一道。'政'要落实到'治'，'德政''劣政'都要通过'治'来证明，有政而无治，政是空的。治得不好、一塌糊涂，就要被看作腐败的政治。所以政离不开治，并且只有通过治来体现和检验政。这里的治，就是行政管理。西方有的行政学者说'行政是政治的心脏'，这未尝不是中肯之言。"夏书章教授精辟地阐明行政学的内涵：关于"行政"，"政"是前提，精髓和着力点是"行"。行政旨在和贵能将既定的政治理想、纲领、计划、原则、方针、政策等，通过运作、执行、付诸实施，或见诸行动，使之成为事实。要行远自迩、切实可行、势在必行、身体力行、令行禁止、行之有效。[①] 据此，夏书章教授在自己的著作、讲演中，多次突出一个"行"字，讲明为何行政，不仅要切实可行，而且要认真执行和行之有效、行可检查。为了阐明这一宗旨，夏书章教授曾专门撰文《行政的实质在于行》（《人事与行政》月刊1989年6—7合刊），启发大家认清行政学研究的目的和任务。夏书章教授在研究生班讲课指出："行政学这门学科，称行政管理学也好，称公共管理学也好，着重在一个'行'字，足见要害所在。所以，光是'做而言'而不'起而行'不行。"

(3) 谈到行政管理的支撑点，夏书章教授指明一个"法"字，强调"行政管理学"要与"行政法学"联系起来。

行政管理要依法而行，才能健康开展，而行政立法又不能脱离行政管理实践，两者只有相辅相成，才能相得益彰。早在中华人民共和国成立之初，夏书章教授就曾撰写专文《加强行政法科学研究》（《政法研究》1957年第2期）强调"行政"与"立法"的内在关系。"十年动乱"结束，拨乱反正之后，夏书章教授抓紧机构改革和新宪法草案讨论的机会，相继发出呼吁，并发表专文《机构改革与

---

① 高小平：《夏书章与中国行政管理学》，载《中国行政管理》2008年第1期。

行政立法》《从宪法修改草案看行政立法的任务》（先后载于《人民日报》1982年3月15日、6月29日第5版）、《行政法学总论（序）》强调行政学与行政法学两门学科有血肉相依的关系。1984年7月初，中国政治学会和中国法学会举办全国行政科学学术讨论会，同年8月国务院办公厅和劳动人事部联合举办行政管理研讨会，夏书章教授围绕上述两门学科的关系发表了精辟见解，在全国学界引起了很大反响。

（4）夏书章教授认为，对行政管理学概念的理解，要有一种历史的眼光，不能简单地就事论事。

他指出，尽管我国学术界关于行政管理概念的理解存在争议，但要化解这些争议，"比较好的办法是对'public administration'这门学科从兴起和发展到汉译的变化过程，做一些概括性的介绍，可能有助于弄清来龙去脉和在我国的研究、应用和发展"①。他指出："行政管理学初译为行政学，实际上英文原文即公共管理学。因该学科从研究政府管理开始，初译完全恰当。后来学科拓展，已包括非政府公共部门的管理。"② 基于此，夏书章教授所定义的行政管理一向有狭义与广义之分。

狭义的行政管理虽狭更广，因为政府处于社会上层建筑的核心地位，其管理无疑是涉及面最广和最具权威性的管理，是关系到国计民生的管理，其管理活动在很大程度上直接负担着实现宪法目标和国家职能的重任，非认真研究、改革不可；广义上的行政管理虽广尤狭，它包括除政府工作外，在企业、事业单位、群众性团体，以及立法、司法机关中，也无不有被称为"行政"或实际上是属于"行政"性质的工作。由于此种"行政"工作总是同领导者相伴随，所以在各单位（特别是办公室）也事关全局和全过程，但无论如何，其管理

---

① 夏书章：《公共管理的旧貌新颜和发展趋势——公共管理面面观》，载《公共管理学报》2004年第1期。
② 夏书章：《必须着力切实提高行政管理水平——喜见学会刊物越办越好》，载《中国行政管理》2005年第5期。

活动总局限于某个局部或某个单位，面是狭的。① 正基于此，夏书章教授为适应社会发展和行政管理学科发展的需要逐步将狭义行政管理研究拓展到广义的公共管理研究当中。在其学术自传《夏书章自选集》② 中，他就提到："我的学术生涯是从政治学开始入门的。随后循着行政学（实际上是公共管理的早期领域）的发展轨迹，拓宽到原来完整意义上的公共管理学，包括对非政府组织等公共部门管理的研究。"在夏书章教授主编的《行政管理学》第四版导论中，他进一步对"public administration"做了阐释，指出本学科译作"行政"是因为当时主要研究政府工作，内容拓宽是后来的事。"公共"亦不言而喻地略去，中文、日文都是如此。时下所称的"行政管理""公共行政""公共行政管理""公共管理"应是同源异译。

一门学科的内涵是该学科的核心内容，如果学科内涵都还尚未清晰，抽象地搞学科建设只能是纸上谈兵。正是基于国情、基于实质、基于历史的理解，夏书章教授摆脱了学术界对于"行政"及其相关概念纠缠不清的定义，而直指"行政"的要义。夏书章教授对于行政管理学学科内涵的探索性研究，为后来者确立了研究的圆点。正是有了这一圆点，很多无序的研究才有了方向，也正是围绕这一圆点，很多后续的研究才得以逐步有序地开展和不断深化。

## 二、拓展公共管理学的外延

作为一个独立的学科，必须有自己独立的外延和独特的研究领域才能够存在以及获得承认。夏书章教授不仅创建了中国行政管理学理论体系，还与时俱进不断拓展行政管理学的研究领域。30 多年的中断使得行政管理学外延模糊不清且十分狭隘："单指政府对国家事务的管理，管理范围广，权威高。"夏书章教授认为这只是对行政的狭义解释，行政应包括政府行政管理以及非政府机构的行政性质的工作，具有普遍适用的共性。在行政学的外延上，夏书章教授主张："行政管理

---

① 高小平：《夏书章与中国行政管理学》，载《中国行政管理》2008 年第 1 期。
② 夏书章：《夏书章自选集》，广东人民出版社 2007 年版。

是指中央和地方各级人民政府，亦即行政机关的行政管理工作。所谓'从摇篮到坟墓'的管理，是关系到国计民生的管理。这种管理是对经济管理和其他管理起领导和主管作用的。""行政管理除政府工作外，在企业、事业单位、群众性团体，以及立法、司法机关中，也无不有被称为'行政'或实际上是属于'行政'性质的工作。"

在谈及行政与其他管理的关系时，夏书章教授主张："行政管理与其他管理之间有分工，前者不应也不能对后者实现包办代替。"同时又"不能把行政管理活动理解为纯粹的管理技术和程序，应该十分明确，行政管理首先是行使国家政治权力的政治性管理，不能模糊行政管理与其他管理的界限，否则就抹杀了行政管理的根本属性"。

辩明了共性与特性，这就有效地扩宽了行政管理学的外延，明晰了行政管理学与其他学科的界限。夏书章教授拓展行政学研究的范围，还表现在从行政管理的角度观察和分析市政问题，站在人力资源特别是人力资源开发与管理的战略高度看待人才与人事管理，指明高效管理要有明确的目标，主张科学管理、民主管理。开辟了市政学、人事管理学、高等教育学等多门分支学科。① 此外，在紧扣研究主线，主编权威性的行政管理教材和专著的同时，夏书章教授还围绕主线写出专著《人事管理》《市政学引论》《高等教育管理学讲话》《知识管理导论》，同时大力倡导关于"行政成本"的研究，进一步充实了行政学的学科内容。其中，在夏书章教授的研究成果中，不能忽略的是他对区域行政和区域公共管理研究的思想，这是他投入较多精力去研究和精心栽培的行政管理学的新兴分支领域。②

**1. 他极力倡导"区域行政"和"区域公共管理"的研究**

在我国，当 1980 年代公共行政学在我国恢复重建时，学界研究的"行政学""行政管理学""公共行政学"乃至后来所谓的"公共管理学"，虽说名称各异，但在研究内容上没有质的不同，实际上就

---

① 高小平：《夏书章与中国行政管理学》，载《中国行政管理》2008 年第 1 期。
② 陈瑞莲、张紧跟、刘亚平等：《夏书章中国特色行政管理学思想及其发展》，载《中国行政管理》2008 年第 4 期。

是"政府内部管理"研究。它关注的焦点是政府职能、政府组织、政府人事、政府决策、政府预算、政府效率、政府监督、政府改革等静态的、制度上的"行政区行政"内容。然而，对于动态的、空间上的"区域行政"和"区域公共管理"问题，一直未受学界的重视。针对这个问题，夏书章教授明确提出："行政学领域的研究工作，虽然起步较晚，却正因为是这样，需要加倍努力，迎头赶上。我们要做的和可做的工作很多，除一般基础性的工作外，还有许多富有开创性和特殊性的研究工作等待我们去做。例如，从中央到基层各层次（尤其是城市）、各专业部门（国防、外交、教育等）、经济特区、经济技术开发区和'一国两制'中的行政管理问题等，以及行政管理内部（如组织、人事、领导、决策等）课题，无不需要深入研究。"①随着我国工业化和城市化进程的不断加快，由行政区划调整而引发的区域公共管理问题日益突出。这是一个古老而有新意的话题，但中外行政管理教科书和有关专著常略而不谈。于是，夏书章教授在其专栏《夏老漫谈》中，专门谈到这个问题，要求学界引起重视。他说："怎样建立适应经济社会发展实际需要和市场经济体制的行政区划管理体制问题，确是很值得认真深入研究。县改市、县（市）改区、乡改镇、镇合并等。此外，还有不少经济协作地区，最著名的如'长三角'和'珠三角'。前者跨三省市，后者虽主要在一个省，但与两个行政特区密切相关，都无可避免地碰到与行政区划直接联系的行政体制问题。可见，这是一个很重要的课题，各领域、各部门的专家、学者通力合作是完全必要的。我建议《中国行政管理》杂志应多反映这方面的信息、意见。"② 受夏书章教授的鼓励与启发，近年来我国行政学界已经逐步加强了对行政区划问题的公共管理研究。

**2. 夏书章教授率先进行新加坡等国家和香港等地区的区域行政研究**

夏书章教授不仅在国内学界极力呼吁和倡导重视区域行政研究，

---

① 夏书章：《关于我国行政学研究的历史概述、现状简析、前景初望并兼谈几个问题》，载《社会主义研究》，1990年第3期。
② 夏书章：《行政区划》，载《中国行政管理》2004年第4期。

更难能可贵的还在于,他率先对新加坡和中国香港地区的区域行政问题进行了开创性研究。其于 1990 年代早期先后完成的《香港行政管理》和《新加坡行(市)政管理》,堪称国内区域行政研究的两部开山之作。

长期以来,很多人特别是信奉新古典经济学思想的人认为,中国香港的经济腾飞是香港政府"积极不干预"的结果,似乎与政府的公共管理无多大的关系。夏书章教授对此持不同的看法。他在《香港行政管理》的前言中指出:行政管理在一个国家或地区发展中起着重要作用;对行政管理之所以不可掉以轻心,正是由于它事关重大。香港的行政管理也不例外。为了充分论证自己的观点,夏书章教授分六个部分对此展开了系统、深入的分析。在《新加坡行(市)政管理》一书中,夏书章教授认为,被称为"袖珍之国"的新加坡,在较短的历史时期内取得举世瞩目的经济腾飞,成为"亚洲四小龙"之一,绝非偶然,更不是一件孤立的事情。新加坡这个国家的行政管理的状况如何,与此有极大关系。人们不能只是就经济论经济,而忽视甚至无视各重要的相关因素。但遗憾的是,当时的国内外学界把注意力较多集中于这方面尤其是行政管理方面的研究还不多,或者可以说是很少。即使有,也常是顺便提及而已。而在当时,"我国正在贯彻执行'一个中心,两个基本点'的基本路线;要实现'四化'、振兴中华;城市要在两个文明建设中发挥重要的积极作用,城市化是必然趋势。行政管理和市政管理改革已经在实践中,对于不同国家的有益的经验,我们都乐于有选择和有针对性地参考、借鉴。新加坡国家虽小,社会政治制度也不同,但其行(市)政管理有显著特点,对我们是有启发的"。正是敏锐地意识到新加坡经验对于我国改革开放和现代化建设事业的重要实践价值,夏书章教授从行(市)政管理的角度,对新加坡展开了深入的研究,并探讨了新加坡行(市)政管理中的难题以及学习借鉴新加坡行(市)政管理经验等问题。

**3. 夏书章教授鼎力支持"区域行政"和"区域公共管理"研究方向的建设和发展**

就国内学界而言,中山大学是率先进行区域行政和区域公共管理研究的主要阵地，这与夏书章教授的鼎力支持和精心呵护是密不可分的。早在20世纪90年代初，中山大学行政管理学科设置硕士专业方面时，夏书章教授就极力支持设置"区域行政"方向。后来，为适应学科发展需要，把"区域行政"调整为"区域公共管理"，并作为中山大学行政管理专业博士点，使之成为行政管理研究中心、行政管理重点学科建设中的一个重要研究方向。

夏书章教授不仅支持该研究方向的设置，而且十分关心该方向的研究进展情况。1998年，当该方向的早期研究成果《广东行政改革研究》一书出版时，夏书章教授欣然为该书作序并提出了进一步的指导性意见。在《改革为了发展》这篇简短而又精辟的序言中，夏书章教授高瞻远瞩地指出："广东的改革开放在全国先行一步，确实有不少探索性的做法和经验值得认真研究以及总结推广。然而，目前学术界关于广东改革的研究，明显较多侧重于经济建设、公共事业管理等方面，而对于行政改革的研究偏少，专门的论著更为少见。该书以邓小平建设有中国特色社会主义理论为指导，……称之为国内第一部相当全面系统研究党的一届三中全会以来广东行政改革的专著，是符合实际情况的。"①

2007年，该方向承担的国家社会科学基金项目"区域公共管理理论与实践研究"结项并准备出版时，夏书章教授又欣然为该书作序。他不仅充分肯定区域公共管理研究所取得的成绩，还对区域公共管理研究的未来方向提出了殷切的期望。夏书章教授指出："区域公共管理研究是公共管理学科一个非常重要然而还没有得到应有关注的领域。我向来认为，中国的公共管理学界必须更多地联系实际、密切重视中国所面临的现实问题。……我期待本书著者和她的研究团队在已取得成绩的基础上继续努力，不断地推陈出新，也希望更多的相关学者和实际工作者重视、参与其事，以推进我国区域协调发展和区域

---

① 夏书章：《广东行政改革研究》"序言"，中山大学出版社1999年版。

公共管理研究的逐步深化，为构建中国特色社会主义和谐社会做出贡献。"①

## 三、阐明公共管理学的研究重点

早在行政管理学学科恢复之初，就存在着学科研究重点模糊，研究方向分散等问题。针对这些问题，夏书章教授在《行政管理学》（山西人民出版社1986年版）中明确指出，"应从我国行政管理和行政学发展状况出发，汲取当代各国行政学有益的知识，确定我国当前行政学研究的内容"。应该说该书是自恢复行政学以来对其研究内容及重点的最早著述，主要包括：

（1）行政原理。行政学是一门应用学科，需要理论的指导，所以研究行政学的基本原理和原则是十分重要的。"行政学研究要坚持在马克思主义的指导下，批判地汲取当代行政学和管理科学的理论和方法，研究适合我国社会主义行政管理的理论原则。"

（2）行政组织。"行政是有组织的集体协调一致的活动过程，行政组织在行政管理中占重要地位，是影响行政效率的重要因素，研究行政组织对我国国家领导体制和行政机构改革具有重要指导意义。"

（3）行政领导。"领导是行政管理的一个重要功能，也是行政管理过程中的一个重要环节。领导方式、领导结构以及对领导人员素质的要求等，应单独作为行政学中的一个问题来研究。"

（4）行政决策。"决策是当代管理科学一项重要内容，也是现代行政管理的基本功能。决策贯穿在行政管理的全部过程中，决策的正确与否是决定行政管理效果的关键。"因此，决策理论也是行政学的研究重点之一。

（5）人事行政。"行政工作的成效，系于用人，用人是行政之本，是行政学研究的一个重要内容"，为了进一步探讨如何改革和完善我国的行政制度，充分调动人的积极性，将人事行政作为行政学的

---

① 夏书章：《区域公共管理理论与实践研究》"序言"，社会科学文献出版社2007年版。

研究的重中之重无疑是有必要的。

此外，夏书章教授认为，行政管理学的研究重点还包括：财务行政、行政方法、行政管理法规和机关管理等，并对此进行了详细的论述。而所有这些论述在以后出版的《行政管理学》（中山大学出版社1991年版）以及此教材的第二、第三版中得到了进一步细化，研究的重点逐渐突出，研究内容逐渐丰富。

### 四、规范公共管理学的研究方法

任何一门学科，都有其研究的方法论问题，缺乏方法论研究的学科，是不规范和不完整的。在夏书章教授看来，行政既关涉"行何政"的问题，更关涉"政如何行"的问题。如果政不能行，便是空想、空话。夏书章教授指出："行政的实质在于'行'"，或者说行政的"要害、关键、精髓与根本"等正在于"行"。所谓"行"，就是"通过运作、执行、付诸实际、予以实现，或见诸行动，使之成为事实"①，即行政的精髓旨在将既定的政治理想、纲领、计划、原则、方针、政策等落到实处，通过执行、运作付诸实施，以实现行政管理的目标。

在《行政管理学》（山西人民出版社1985年版）中，夏书章教授就对行政管理学的研究方法做过详细的介绍和论述。他首先指出："我们研究行政管理学的基本指导原则，就是以马克思主义的辩证唯物主义和历史唯物主义的基本原则为指导，结合我国社会主义建设的实际，批判地汲取世界各国行政学的管理科学及其他学科的一切有益的知识，创立具有中国特色的社会主义的行政学。"

然后，夏书章教授对国外先进的行政学的研究方法进行了简要的介绍。包括：法学研究方法、理论研究方法、历史研究方法、比较研究方法、系统研究方法、行为科学研究方法。这些研究方法在《行政管理学》（中山大学出版社1991年版）被重新细化表述为：

（1）理论联系实际的方法。"一方面运用行政管理学的科学理

---

① 夏书章：《行政的实质在于行》，载《人事与行政》1989年第6～7期。

论，指导我国的行政管理实践；另一方面，总结行政管理实践的经验，探讨行政管理的客观规律性，丰富和发展行政管理学的科学理论。"在他看来，行政学是一门理论与实践结合得很紧密的应用学科，必须着重实效，只有牢牢掌握和认真遵循"学以致用"的原则，把学习所得和研究成果用于目前和今后的行政改革，才能得以让行政机器正常、高效地运转。①

（2）调查研究法。"没有调查就没有发言权"，由于行政活动必须因时、因地、因人、因事制宜，调查研究就成为行政管理的基本功和重要研究方法。"'调'指的是管理实践中常要进行的调查研究活动如内查外调和调集人力、财力、物力等工作，着重了解有关真实情况、反映准确信息和各种动态，作为决策依据。倘若调研只是装门面、走过场的，甚至情况不明、信息失真、动态虚假，那么，决策依据也就落空和非常错误了。"②

（3）案例分析法。"在应用学科领域，对于通过案例分析进行教学研究的方法，普遍给以高度重视。包括公共管理、行政管理、城市管理等在内的各种管理学科，也不例外。"③"通过典型的行政案例分析，不仅能加深对原理的理解，而且可以提高分析问题和解决问题的能力。"

（4）历史研究方法。"以马克思主义理论为指导，批判继承历史上的政治管理经验，既是行政管理的任务，又是一个重要的方法。"

（5）比较研究法。夏书章教授认为："国家无论大小，其政治统治和行政管理的制度、措施和运作方法等总有优劣、长短、得失，对不同国家的行政组织、行政行为和文化等方面的比较，旨在兴利去弊、取长补短、权衡得失、为我所用。"如夏书章教授早期的市政学研究，就对美国和西班牙的市政做过比较，市政学学科的建设时期，夏书章教授又对新加坡的市政做了比较性的研究。

---

① 夏书章：《行政的实质在于行》，载《人事与行政》1989年第6～7期。
② 夏书章：《"空调"之弊》，载《中国行政管理》2002年第12期。
③ 夏书章：《案例教学》，载《中国行政管理》2006年第12期。

夏书章教授对行政管理学研究方法的规范与细化，开创性地为行政学确立了研究途径与研究手段，进而为今后的发展奠定了坚实的基础。有学者曾经说过，一个学科的建设就像树篱笆，这其中的分工包括有树篱笆桩的、编篱笆的和修补篱笆的。树篱笆桩的人为学科定基调，定方法，定体系结构；编篱笆的为学科填充"血肉"，引入新的分支学科；修篱笆的为学科查漏补缺，增补新的内容。夏书章教授作为行政管理学学科的创始人之一，无疑属于树篱笆桩的那一类，但是他也参与了"编篱笆"的工作，而且做的是教人如何"编"。我们将在下一节要介绍：夏书章教授与行政管理学分支学科的建设。

## 第三节 拓展公共管理学的分支学科

经过夏书章教授以及同仁的不断努力，公共管理学的研究主线逐渐凸显，学科主干逐步厘定，但要构建宏观的学科群体，就必须在分支学科上拓展、深化。夏书章教授为此不遗余力倾注全部心思，其贡献主要集中在以下五个学科领域。

### 一、市政学

市政学在中国的学科史，可以分为四个时期：课程引进和学科建设的学术积累、课程停办和学科建设的中断、课程恢复和学科建设的完成、课程和学科的发展。夏书章教授的学术生涯和贡献均与这四个时期紧密相关。可以说中国市政学的学科史与夏书章教授从事市政学研究的学术史是不可相分的，尤其是在行政学学科史中学科建立和发展的两个时期，夏书章教授更是功不可没。对于市政学，夏书章教授不仅有学科建设第一人之劳，更有学科建设和发展第一人之功。概括起来，其一，夏书章教授与市政学有不解之缘；其二，夏书章教授对市政学有不言之功。[①]

---

[①] 赵过渡：《夏书章先生与市政学——基于学科史的考察与评价》，见《夏书章与中国公共管理》，中国社会科学出版社2008年版。

20世纪30年代末40年代初，中国的大学开始设立行政学课程。当时的市政学尚属刚从美国或日本引进的课程，还不能成为具有相对独立性的学科。市政学自身仍然处在学科性质的过渡期，即处在从城市政治学向城市行政学转变的过程中，市政学自身转变的学科表现，最为典型和最具代表性的就是20世纪40年代的美国哈佛大学，夏书章教授当时就读的就是哈佛大学利陶尔（Littauer）公共管理研究生院。① 夏书章教授在专著《市政学引论》（1994年）的序言中曾经提及："回忆在大学读书时，市政学是我比较感兴趣的学科之一。到研究生阶段，专业虽然是行政学，但是，更相对集中注意力于市政学。因为当时已把市政学作为城市行政学而非城市政治学看待，认为是行政学领域进一步具体化的一个重要方面。到市政府去实习时，实已将行政学和市政学的应用结合在一起"。但是，"在当时环境中，专业知识、技能全无用武之地"的现状直接导致了市政学无法有大的发展。1947年，夏书章被中山大学聘为教授，教授聘书中确定夏书章教授所担任的三门课程分别是行政学、市政学、行政法。1947年和1948年，夏书章教授在上海《市政评论》上，连续发表了《美国市政展望》《战后西班牙之市政建设》《公共秩序与市政建设》《市政建设中之人的因素》等多篇学术论文，它们既是中国市政学学科建设前期学术积累的重要构成，也是研究市政学学科发展很有价值的学术文献。②

20世纪50年代初，以叶剑英为第一任市长的广州市人民政府成立了城市计划委员会，并聘请两位大学教授担任委员职务：一位是研究市政的夏书章教授，一位是研究古建筑的龙庆忠教授。该学科原可以有所发展，但是由于1952年全国高校院系调整，市政学被列为撤除科目之一，自此其在内地的发展完全被阻断。随着政治学系的被撤销，夏书章教授原本已由北京一出版社出版的《新市政学大纲》，难

---

① 赵过渡：《夏书章先生与市政学——基于学科史的考察与评价》，见《夏书章与中国公共管理》，中国社会科学出版社2008年版。

② 赵过渡：《夏书章先生与市政学——基于学科史的考察与评价》，见《夏书章与中国公共管理》，中国社会科学出版社2008年版。

以如约付梓了。到1960年又因"中国20年不搞城市规划"的指示,大学里连城市规划专业都停办了。对夏书章教授而言,是其学术生涯的被迫中断,话虽如此,实际上夏书章教授"在市政学停止教学研究的漫长岁月之中,出于早已养成的专业兴趣和习惯,仍随时留意有关理论信息和实际情况及其资料"①。

党的十一届三中全会后,城市科学研究重新被提上议事日程。"真没有想到在垂暮之年,关于市政学的教学研究,还能出现如此大好局面。作为这个学科领域的一名老兵,心情的激动和由衷的喜悦可想而知。"② 1984年1月,中国城市科学研究会成立,自此起,夏书章教授连任多届顾问。1988年,经国务院批准,中国城市科学研究会成立。夏书章教授为该协会举办的全国市长研究班讲授市政学研究课程。1990年,市政学课程在全国多所大学恢复开设,很快它又成为行政管理专业硕士学位的研究方向。1991年,在夏书章教授的主持和领导下,市政学作为国家组织的自学考试的专业课程,开始面向全国招考。③ 与此同时,夏书章教授在突出行政学这门主干学科的过程中,花费了大量精力编著市政学这门分支科学的论著,主要包括:《市政管理八议》(1988年)和《市政学引论》(1994年)两本专著,《管理·心理·医理》论文集专门列出的《论城市管理改革和城市科学研究》,主编出版的《中国城市管理》(1990年)、《市政学自学考试大纲》(1990年)、《市政学》(1991年)、《市政学自学考试指导》(1991年)等。1980年起直至今天,夏书章教授展现了他一生中学术活动最活跃和学术成果最多的阶段。

夏书章教授在市政学方面的贡献主要是:

**1. 建立了系统化的市政学知识体系**

夏书章教授的《市政学引论》,按"绪论""通论""各论""专论"和"结论"分述,"绪论"旨在说明市政和市政学的来龙去脉、

---

① 夏书章:《市政学引论》,中共中央党校出版社1994年版,第4页。
② 夏书章:《市政学引论》,中共中央党校出版社1994年版,第3页。
③ 赵过渡:《夏书章先生与市政学——基于学科史的考察与评价》,见《夏书章与中国公共管理》,中国社会科学出版社2008年版。

一般和总的情况;"通论"着重阐述共性问题和事项,侧重体制与管理;"各论"是按市政内容,分门别类,研讨市政府所应管理的具体业务;"专论"则是专题研究性质,是为具有实践经验和研究能力以及改进工作有此需要者而设;"结论"以市政和市政学研究的出发点、过程和归宿为核心,是对"绪论"的回应,为建立市政学科的知识体系构建了基础。

**2. 阐明了市政管理的职能和责任**

在说明了市政和市政学发展脉络的基础上,夏书章教授对城市领导者的职责和素质,市民的权利和义务,城市领导与市民的关系以及城市发展战略、体制与管理、规划和设计、市政立法、市政工作者的培训等都做出了明确的要求。

**3. 夏书章教授梳理了市政学界存在的不同观点**

他认为:"从城市规模着眼的观点有五种:①大城市重点论;②中等城市重点论;③小城镇重点论、大城市与小城镇'双轨型'道路论;④应形成以特大中心城市为依托的、大中小城市和农村小城镇体系完善、功能和结构合理的金字塔式的城市系统","从区域地带着眼的观点有二:①梯度推移论;②点面发展论",并对这些理论做出了深入浅出的分析。

**4. 研讨了市政的基本范围**

他认为市政管理包括经济管理、土地与住房管理、基础设施管理、公共服务管理、人口和民政管理、治安管理、文化教育管理和关于精神文明建设的管理、环境、卫生、市容管理、旅游管理、公共关系和涉外事务管理等各个领域和方面。

**5. 列出了当前市政方面应该关注的重大问题**

如城市化问题、市政改革、"城市病"的防治、各类型城市和特区城市等。

**6. 抨击了现实中市政管理中出现的十大问题**

十大问题分别是:①"入不敷出、得不偿失,无权衡利弊得失观念";②"舍本逐末,因小失大";③"因近忘远,只顾眼前";④"缓急倒置,失时误事";⑤"饥不择食,慌不择路";⑥"挖肉补疮，顾此失彼"；⑦"避重就轻，欺软怕硬……短期行为的思想作风严重"；⑧"生吞活剥，削足适履。热衷于照搬、迁就某些固定模式"；⑨"表面热闹，劳民伤财，毫无实效"；⑩"不重视质量，致留隐患、后患"，同时提出了一些富有建设意义的政策建议。

**7. 提出现代城市管理中的十大原则**

提出的十大原则具体如下：①"必须时刻牢记我国的基本路线"；②"要建设有中国特色社会主义，城市管理必须从实际出发"；③"根据围绕社会主义市场经济体制的建立……加快转变政府职能"；④"实行依法治域，加强城市的法制建设"；⑤"城市管理不仅要法制化，还要科学化"；⑥"尽心竭力地为人民办实事"；⑦"一切为了人民，还要一切依靠人民"；⑧"力求真正做到'全市一盘棋'"；⑨"坚持勤俭办事，不搞铺张浪费，力避劳民伤财"；⑩"加强廉政建设，争取弊绝风清"。

市政学是夏书章教授十分钟情的学科领域，他在这个学科领域倾注了深厚的感情和大量的精力，也取得了丰硕的成果。2000年，中国老教授协会基于夏书章教授对市政学学科建设和发展的贡献，授予他"科教兴国贡献奖"。

## 二、人事行政学（或称"人事管理学"）

一直以来，在夏书章教授的著作中，"人事""人事管理""人事管理改革"都是行政科学的重点内容和重要分支学科。夏书章教授曾多次阐述："人事工作是个很古老的工作，如果从国家的文官制度、人事行政来说，有国家才有人事行政。但是，追溯得远一点，人类社会从有集体生活开始，就有人事管理。所以，广义地讲，人事管理比行政管理更早、更具体。"关于人事管理的初衷，夏书章教授在《人事管理》（1985年）的引言中提到，"我们即将在这里开始讨论的人事管理，并不是一种新的工作。但是，在我国已经进入新的历史时期以后，人事管理工作应当具有新的内容和新的特点；整个形势的迅速发展，也对它提出了许多完全不同于过去的新的要求。为了紧紧跟上时代前进的步伐，人事管理必须努力争取做到切实配合和适应形势发展的需要,为社会主义现代化建设做出贡献。"①

夏书章教授在为中央组织部和劳动人事部司局级干部做的"人事管理改革和人才问题"的专题报告中指出:"人事管理是行政学、管理学的主要组成部分之一,并且已经形成了独立的分支学科,叫作人事行政学或者是人事管理学",并谈了五大问题:①对人事工作的基本认识;②人事管理是一门重要专业;③人事管理中的人才评价;④关于组织领导问题;⑤人事管理研究方法举例。该报告经录音整理,载于《中国行政管理学初探》一书,于 1984 年出版,引起广泛关注。此后,夏书章教授应《社会科学战线》《人事》《劳动与人事》《行政与人事》等杂志的邀约,发表了大量有关人事行政的论文,还亲自撰写《人事管理》专著(1985 年),列入著名学者张友渔、钱端升主编的"政治学知识丛书"。

总结夏书章教授有关人事管理的专著,有以下主要贡献:

**1. 恰当地给人事管理学科定位**

在《人事管理》(1985 年)中,夏书章教授将人事管理定位成"一门理论紧密结合实际的应用学科"。早在人类社会形成之初就存在原始的人事管理,在我国古代也有很多与人事管理相联系的名言警句,故事传说。但是,而较为成熟的人事管理理论是在近代以后才形成的,因而可以说,人事管理是先有实践后有理论,理论来源于实践,又反过来指导实践,实践与理论紧密联系、相互影响、相互作用的应用学科。由于国内对人事管理的研究长期处于空白状态,夏书章教授的研究是具有开拓意义的。"人事管理学虽可溯源于行政(管理)学和政治学,但其形成、充实和发展,却在很大程度上吸收了企业管理中关于人事管理的实践经验和理论原则。"② 具体到关于人事管理工作,夏书章教授认为"对于人事管理工作的看法,真可以说是见仁见智,各不相同。这是由于人们的处境、角度和感受各异。就是人事管理干部本身,对于自己的工作,也随着形势的发展、变

---

① 夏书章:《人事管理》,人民出版社 1985 年版,第 1 页。
② 夏书章:《人事管理》,人民出版社 1985 年版,第 75 页。

化，而有很大差别和反映。其实，撇开各种主观成分，比较客观地来考察，人事管理是一项历史悠久、极其普遍、非常重要而又难度很大的工作"①。

**2. 阐明了人事管理与相关学科的关系**

夏书章教授认为现代学科不可能孤立地发展，人事管理学同很多学科有着紧密的联系。

（1）与政治学。夏书章教授认为："任何一种人事管理工作，都是在国家的根本经济、政治制度和政策下进行的。政府机关的人事工作，更离不开对国家机构的性质和大政方针等等的理解，这些都是政治学范畴。"

（2）与行政学。夏书章教授认为，人事行政是行政学的一个分支，它们的关系也更为直接，企业管理中也有行政管理工作，这里的行政管理与人事管理有很大程度的重叠。

（3）与经济学。夏书章教授认为，"大到整个国家的经济建设，小到一个具体单位，办事用人都应有经济效益观念。机构臃肿，人浮于事，办事拖拉，用人不当，就不合经济原则；工资福利等事项，也都要涉及经济学方面的问题"。

（4）与管理学，在资本主义国家，尤其是美国，管理学的发展对行政学有着很大的影响，它的许多原则对人事管理都是适用的。

（5）与统计学，现代人事管理常常需要借助各种统计，来分析情况和制定计划，现在很多工作，讲究计量方法，注意掌握数据。统计学在现代管理中用途甚广，人事管理也常需要借助于各种统计，来分析情况和制订计划。

（6）与哲学。这里指的是辩证唯物主义和历史唯物主义，对人事干部，有更加重要的意义。管人事，搞唯心主义和形而上学必须大忌特忌。哲学帮助我们正确地解决立场、观点、方法问题。主观片面地评人论事，轻则不够公正，重则铸成冤、假、错案。

（7）与伦理学。人事工作者和研究者有必要学点伦理学，因为

---

① 夏书章：《人事管理》，人民出版社 1985 年版，第 3 页。

人事管理不能不考虑人们的道德品质，各类工作又都必须具备高尚的职业道德。如何提高工作人员的道德水平，应当看成人事工作的一项重要任务。

（8）与心理学。在人事管理专业中有一门人事心理学，实际上，与人事管理学有关系的心理学不止这一门课程，不同年龄，不同工种和在不同的情况下有各种与之对应的心理学，如老年心理学、青年心理学、工业心理学、教育心理学、文艺心理学、社会心理学、犯罪心理学等，做哪一方面的人事工作，懂一点有关的心理学，肯定会有帮助。

（9）与法学。除了熟悉和严格遵守人事法规外，人事管理常会接触到法律问题，多一些法学知识对于做好人事工作是非常有利的。

### 3. 规范了人事管理学科的研究方法

夏书章教授认为："关于人事管理学的方法，要从几件看上去很平常的工作入手。要注意以下事项：总结经验、进行调查、搜集资料、培训人员、形成队伍、安排经费、拟定计划、争取配合。"人事管理的研究方法有很多，夏书章教授特别指出了其中的经验法，因为中国地域广大，各地情况千差万别，既有不同的管理物质条件，又有不同的文化背景，还有不同的行业特点，所以，现实中不存在标准化的管理模式和方法。再加上中国有几千年的人事文化，它们扎根于中国这块土壤，有着强大的生命力，很多方面在现阶段仍然闪烁着价值的光芒。这就要求我们深入人事管理实践之中，提炼、总结其中有价值的经验，并加以发扬光大。①

关于具体研究方法，夏书章教授举了其他几个例子：

（1）宏观研究。将人事管理作为一项"系统工程"，从战略高度，高瞻远瞩地研究重大方针，决策和根本制度。

（2）微观研究。力求具体、深入、细致、彻底。这一问题重在选点，选点恰当方能见微知著。

---

① 陈天祥、饶先艳：《夏书章的人事行政思想研究》，见《夏书章与中国公共管理》，中国社会科学出版社 2008 年版。

（3）综合研究。总体全面系统的研究，将对象看作一个大的整体中的一部分，避免头痛医头，脚痛医脚。

（4）专题研究。应在综合研究的基础上进行，先分题后综合亦可。"牵一发而动全身"，部分和整体从来不能割裂，各行其是只能顾此失彼，专题也常常是难度较大的重点问题。

（5）比较研究。有比较才能鉴别优劣、长短，但要有可以比较的基础和条件。国内与国外进行比较时，要注意社会经济和历史背景。

（6）实验研究。就是我们通常所说的试点，为了研究慎重的需要，把一些设想先经过实地实践，如果行之有效就推而广之。如果没有达到预定的效果，也不会影响过大，只需在实验处对方法进行增补改进即可。

（7）委托研究。国外的一些咨询服务公司，就接受委托进行研究。我国邀请专家座谈和同高等院校协作，也具有这种性质。其好处在于无直接利害关系，较为客观、"超然"但也可能不尽切合实际。

（8）"反刍"研究。有经验的工作人员平素无暇思考、总结，遇有进修，轮训或休假机会，可有一整段时间像"反刍"一样进行研究。有些轮训班在结业前要求学员结合实际写论文、报告或体会、心得，是一个很好的做法。①

**4. 提出并要求改革人事制度存在的问题，推进干部的革命化、年轻化、知识化和专业化**

在专著《人事管理》（1985 年）中，夏书章教授明确提出："在人事管理方面，我们应该看到现行的人事制度和干部状况不能适应四个现代化建设的要求。对于不能适应的部分，必须坚决改革。"现行（1985 年）人事制度有以下重要问题：一是人员单位所有制阻碍人才流动。导致有的单位"人浮于事，大大超编，人才积压、窝工、浪费"；有的单位"人才奇缺，在科学技术方面，捏不拢拳头，组不成梯队，高水平、高难度的项目不易集中必要的力量攻关"。二是事实

---

① 夏书章：《人事管理》，人民出版社 1985 年版，第 78～79 页。

上存在的国家干部和职工的终身任职制,导致政府单位队伍日渐庞大,国家机构日渐臃肿。三是在物质待遇工资福利方面未能真正贯彻按劳分配原则,缺乏严格的考核制度。工资分配上的平均主义,导致大锅饭现象严重,行政效率低下。四是在人事安排上存在严重的不科学不合理现象。表现为:对于边远和艰苦地区缺乏政策上的鼓励与倾斜;人才分布上比例不当;专业运用方面,存在所用非所学,所学非所用的问题;等等。

正是基于上述问题,夏书章教授认为要积极推进党中央提出的干部革命化、年轻化、知识化和专业化,并对此进行了精辟的论述。夏书章教授认为:第一,"革命化是前提","革命化要求我们在坚持四项基本原则的前提下,积极为社会主义现代化建设做贡献;共产党员必须全心全意地为人民服务,不惜牺牲个人的一切,为实现共产主义奋斗终生。只有具备了这样的思想基础和精神准备,才会下决心为实现革命理想而努力学习科学文化知识和专业本领"。第二,年轻化是生理保障。"年轻人精力充沛,斗志旺盛,对新事物比较敏感,容易接受,有利于创新。"当然,夏书章教授也指出,"干部的年轻化是完全必要的,但是并非越年轻越好,而是应该根据不同的情况和我国的国情,来决定其上限和下限"。第三,知识化是理论保障。"在现代,由于出现了'知识爆炸',使知识的更新周期比过去大为缩短,知识陈旧率也越来越快。"在这种情况下,作为领导干部,如果不具备相应的科学文化知识,就难以胜任,而"要防止知识老化,唯一有效的办法就是坚持学习"。第四,专业化是知识化的延伸和着力点。在《人事行政》(1985年)中,夏书章教授就专业化问题做了专门详尽的论述。包括:专业的概念和范围、专业的选择和程度要求、专业中的"硬科学"和"软科学"、外行、内行同行的比较、专业化的期望和实效、专业化和计划培训等共十点问题。

夏书章教授对人事管理方面的研究和贡献,在中国的相关学术领域来说,具有开创性和独特性,对后来的研究者起到了表率作用,也提供了宝贵的研究方法、研究资料和框架体系。

### 三、高等教育管理学（或称"高等教育行政学"）

夏书章教授的高等教育管理思想与中国改革开放的进程，是紧密联系在一起的。"文革"期间，教育领域特别是高等院校受到的冲击最大，原有的秩序完全被破坏，不少教育精英饮恨谢世，这一切的一切都为后来高等教育管理学的重建设置了巨大的障碍。"十年动乱"结束后，邓小平同志强调"把科技、教育放在优先发展的战略地位"。尊师重教，"尊重知识、尊重人才"的社会风尚越来越浓。在这样的社会环境下，夏书章教授对"文革"期间所受的屈辱没有计较，而是以行政学家高屋建瓴的眼光看待高等教育的改革和发展，连续发表了一系列令人耳目一新的讲话和论文，参与领导并积极推动中国高等教育管理学的恢复与发展。夏书章教授正式与高等教育管理的结缘，起于20世纪80年代初。当时夏书章教授担任中山大学副校长，1980—1981年，夏书章教授受美国哈佛大学教育研究院的邀请，作为高级客座教授去美国讲学，讲授了三门与高等教育管理有关的课程——"比较高等教育""教育伦理"和"教育与发展"。这次授课不仅给美国人留下了深刻的印象，也为他后来从事高等教育管理的研究埋下伏笔，从那时起，他的高等教育管理思想研究才开始被世人所瞩目。①

回国不久，教育部委托全国六个大区的有关师范院校举办高校干部进修班，必修科目就有关于高等教育管理方面的课程。1982年底，华中班邀请夏书章教授讲课，夏书章教授的原话是："我恐怕连砖头也没有，只有一块小小的瓦片。既然大家有兴趣，希望一起来研究。"随后，除了到华中班三次、西南班二次外，还间或在广州、长沙、西安、延安、杭州、上海、北京、南昌、石家庄、厦门、长春等地讲过同一主题。但具体题目和内容有所不同，如高教管理十议、教育改革中的管理改革问题、高等教育高在何处等，后

---

① 孔杰、罗子霖：《夏书章教育管理思想的回眸与展望》，见《夏书章与中国公共管理》，中国社会科学出版社2008年版。

整理为《高等教育管理学讲话》一书。

夏书章教授对高等教育管理学的贡献主要有以下几个方面：

**1. 准确地为高等教育管理学定性、定位**

夏书章教授提出："高等教育管理学是根据高等教育事业发展的规律和特点，运用高等教育学和现代管理学的理论和方法，研究如何计划、组织、控制和调节各种必需的办学条件和要素，获取较大的办学效果的一门学科。高等教育管理学，也可叫高等教育行政学，当然首先要涉及高等教育学和管理学。但它不是二者的简单凑合，而是研究根据高等教育事业的发展规律及其特点，如何进行有效管理的学问。它既可以说是高等教育学的一个分支学科，又可以说是管理学的一个分支学科，实际上是一个跨学科的新兴学科。"这就为这门学科准确地定了性、定了位。与此同时，夏书章教授在《高等教育管理学讲话》（1985年）中强调了高等教育在教育体系中的地位和在国民经济发展中的作用，其在比较大学教育与中等教育的基础上，高屋建瓴地指出："现在高等教育在教育体系中的地位十分重要。放眼世界，凡是发达的国家，高等教育事业也一定比较发达，这已成为一个重要标志。而要使高等教育得到相应的发展，就需要有较多的投资。""整个来讲，我国高等教育尚待大力发展，还需要增加大学生的数量和提高质量。从世界范围来说，我国的大学生在人口总数中所占的比例数是居于后位的。"夏书章教授结合国情，进一步指出，"在考虑发展我国高等教育事业的时候，必须考虑到我国国民经济发展的水平，这是我国多年来发展高等教育的一条基本经验"。

**2. 阐明高教管理的目标和指导思想**

夏书章教授一再申明："教育改革的目的，就是为了多出人才，快出人才，出好人才。合乎改革总目标的就提倡，不合的就要改。为此，指导思想必须是小平同志提倡的'三个面向'"，"高等教育实行'三个面向'不能徒托空言，实行就是要有实实在在的行动"。"一门应用科学的价值和生命力，就在于不断研究问题和解决问题，不是学究式的为研究而研究。"翻阅夏书章教授的专著《高等教育管理学讲话》（1985年）以及载于《管理·伦理·法理》《管理·心理·医理》中的有关高教管理的文章，夏书章教授触及的是高教管理的方方面面，诸如体制与机制、数量与质量、中心与实质……以改革开放最早发表的《关于现行高等教育管理体制的几个问题》（1980 年）为例，夏书章教授的纲目就是别出心裁的，即：集中管与分散管，大综合与小综合，要质量与要数量，有比例与无比例，挑水吃与抬水吃，当校长与当市长……这些论述对今天的政府以及高校领导者的工作都有着很高的学习价值和指导意义。

### 3. 点明高等教育重点研究对象和研究内容

在《高等教育管理学讲话》（1985 年）中，夏书章教授指出："进行高等教育管理，必须懂得高等教育学，在高等教育学的指导下，根据高等教育的特点和规律进行管理。具体来讲，高等教育管理学要研究高等教育的方针、政策、规章、制度、计划，从学校的建立、招生，一直到学生毕业的全部工作，包括教学、科学研究、后勤、思想政治工作等等，凡属高等教育范围内的各项活动，都是高等教育管理学研究的对象。不过，根据高等学校的性质和任务不同，管理的内容和方法也有所不同。"在《高等教育实施"三个面向"不能徒托空言》中，夏书章教授以举例的方式指出了高等教育工作的重点，如院校结构的调整，专业设置的改革，师资力量的培养以及办学体制的改进等。这些工作重点日后都成为高等教育的研究重点内容。此外，夏书章教授还专门在《高等教育改革中的教学改革问题》指出："教学改革是高等教育改革中一个具有深刻的实质性的重要部分，是个要害问题。"同时，夏书章教授在《高等教育师资管理中的质量要求和数量控制》中指出："高等教育首先高在有较高水平的师资。办好高等教育必须加强师资管理。"并在文中着重就师资管理中的质量要求和数量控制以及二者之间的关系做了经典论述。这些也成为日后高等教育研究的重点和难点。

### 4. 阐明高等教育管理学与其他学科的关系

在《高等教育管理学讲话》（1985 年）中夏书章教授指出："高等教育管理学虽然是一门独立的学科，但它绝不是孤立的，特别是它作为一门跨学科的边缘学科，有很多学科与它有密切关系。例如，科学学,它与高等教育管理有密切关系,科学学里最佳管理的理论和方法,在管理学中经常要应用,科学学也讲到科研管理问题、科学政策问题等等。""从根本上来说,与高等教育管理学最为密切的,首先是教育学,高等教育学和管理学,同时还有政治学、经济学,此外,还有法学、法律、哲学、决策学、社会学(目前在国内还没有新的书出来,但教育学科里有'教育社会学',现在国内也还没开这门课)、心理学、伦理学、行政学、教育统计学、史学,还有一些新的学科,如教育工艺学,还有教育工程学。再进一步,管理学的内容还涉及许多科学技术问题,如控制论、系统论、信息论、网络、运筹学、概率学、规划论、对策论、排队论等等。要讲经济效益,对教育经济学就要很好地研究一番,办学校也要有一个成本观念和经济效益观念。"

**5. 为建设中国特色高等教育管理学指明方向**

夏书章教授在《高等教育管理学讲话》(1985 年)中指出:"要建立具有社会主义中国特点的高等教育管理学,在准备过程中进行'瞻前顾后'和'左顾右盼',很有必要。这就是说,要切实地回顾和总结我国办高等教育的历史经验和教训;要科学地展望和预测社会主义现代化建设对高等教育的期待和要求;要认真地关注和重视目前国内高等教育战线的新事物和新尝试,以及当代国际高等教育方面可供参考和可资借鉴的理论和实践。这样,我们的高等教育管理学才不致成为闭门造车的产物,我们时刻不能忘记,它是一门研究效能、效果、效率和效益的应用科学,最忌理论脱离实际,为了说得简明扼要一些,以上的要求还可以归纳为对过去、现在和未来的研究这三点。"这就为如何建设具有中国特色社会主义的高等教育管理学指明了方向。

## 四、知识管理

**1. 知识管理研究领域的探索**

随着知识经济的不断发展,一种与之相适应的管理体制和方法也逐步兴起,这就是"知识管理"。夏书章教授对这一领域的发展动态一直以来都密切关注，积极地参与并领导了这一新兴领域在中国的建设与发展。在《知识管理导论》"自序"中，夏书章教授对知识管理的现状有如下描述："知识管理是一种新型的管理，尽管还没有现成的和完备的一套理论和方法，但早已开始试验，随时总结、研究、改进和创新，并在日益推广之中。事实证明，发展知识经济，必须实施知识管理。它是管理领域的新生事物，具有很强的生命力和被管理学界一致看好的前景。应当指出，这里所说的管理学界是广义的管理，即除工商企业经济类管理外，还包括公共管理等在内。前者对知识经济和知识管理发生兴趣，可以说是理所当然的；但是我们认为，后者也会，也要予以密切关注和高度重视。"

**2. 相关著述及其内容**

《知识管理导论》分为四大部分，共12章，主要是从社会经济发展的必然趋势，述及知识经济和经济发展的全球化的问题开始，说明知识管理的兴起及其精神实质和具体内容。

第一部分为引论部分，包括两章，主要介绍知识管理产生的时代背景。第一章从关于知识与经济关系的历史回顾，说到知识经济是历史发展的必然。在关于后工业经济、信息经济、网络经济、数字经济、高技术经济和新经济与知识经济的论述之后，明确了各种提法之间的区别和联系，集中到知识经济这一比较广泛流行和被接受的概念上来。第二章主要是阐明知识经济与经济发展的全球化趋势，内容包括对经济全球化的一般理解及其定义、开端、动力、内涵、实质、特征等；继之以理论分析，着重介绍了马克思与全球化理论、经济全球化与资本主义，特别是美国新经济、经济全球化与社会主义；兴利去弊，造福全人类。

第二部分为总论部分，是全书的主体部分，包括五章。其中，第三章首先提出发展知识经济必须实施知识管理的问题，指出其是一种新型的管理及其基本内容和核心。与此相联系，指明知识管理有助于促进人类实现第二次现代化，并认为目前的非知识经济应为实施知识管理早做准备。第四章到第七章主要阐明发展知识经济必须实施知识管理、知识管理是一种新型的管理理论与方法、知识管理是以人为本的管理、知识管理与信息管理的联系和区别、知识管理有助于促进人类社会实现第二次现代化，知识管理中的中心岗位——知识主管，以及知识管理与按生产要素分配和保障知识产权，等等。

第三部分为分论部分，包括三章，主要论述与知识管理有联系又具有相对独立性的问题。包括知识管理与知识创新工程、知识管理与价值转化工程、知识管理与科教兴国、知识管理与智力投资、知识管理与咨询业等。第八章讨论的知识管理与知识创新工程和价值转化工程，是基于知识管理要求全面创新。要使知识致富，必须知识创新，而知识创新又有成果转化、价值构成和价值转化等问题有待得到相应的配合。第九章主要讨论的是科教兴国和智力投资方面的问题。其中包括科技进步和创新是增强综合国力的决定性因素、技术将成为世界发展的主导因素、科技人才的来源，以及智力投资的动力、宗旨、来源、渠道、管理和运用等。第十章则主要讨论知识管理与咨询业等的发展，包括咨询服务是社会经济发展的必然要求、咨询服务的实质是智力服务和实施知识管理需要咨询服务。应当看到，咨询服务是经济发达的标志之一，接受咨询服务需要相当水平，以及知识共享的范围扩大加深，经济全球化需要跨国咨询。

第四部分为专论部分，包括两章，也是研究的主旨所在。主要是关于实施知识管理的一些具体情况和专门问题。第十一章是集中讨论，特别着重论述的是知识管理对公共管理的依赖或需求。首先是企业实施知识管理必须有公共管理的配合和支持。其实，在关于知识创新工程、价值转化工程、科教兴国、智力投资和咨询服务等章的内容中已经涉及。夏书章教授在最后一章指出，"知识管理在中国"不可或缺。尽管知识经济和知识管理在中国仅是初见端倪，但不能视而不见，中国经济快速增长的势头决定了其极有可能在经济发展和管理改革中发挥后发优势、实现跨越式发展，尤其是在加入 WTO 后机遇与挑战并存，应当在正视现状和克服困难中前进。

全书介绍全面，论述系统，作为"初探"式研究，为知识管理的研究与应用做出了良好的示范并提供了样板教材，为知识管理引进中国铺平了道路，极大地推进了其学科领域在中国生根、发芽与茁壮成长。

### 五、行政成本与廉政建设

"行政成本是指政府行政活动对经济资源的消耗。"行政成本的高低,直接影响着国民经济的正常发展,因而是行政学研究中的重大课题。夏书章教授对行政成本早有关注,2003年更是以杂文的形式在《中国行政管理》第222期上以杂文的形式发表《行政成本》一文,引起了学界对行政成本的广泛关注。2007年,夏书章教授又相继发表一系列文章为行政成本研究提供理论支持。如在《行政成本是发展成本的重要组成部分》中,夏书章教授集中论述了中国经济发展的极端重要性,以及行政成本与经济发展之间的关系;在《加强行政成本研究贵能及时到位》中分别从经济全球化和进入知识经济时代后的行政成本、经济快速增长后的行政成本和可持续发展与行政成本三个方面对行政成本研究的必要性、紧迫性以及主要着眼点进行了阐述;在《加强行政成本研究意义重大深远》中,对中国行政成本现状进行了简要概述,从绩效、廉政、勤政三方面入手,对行政成本做出了深入浅出的分析。夏书章教授对行政成本问题的分析,可谓高屋建瓴,振聋发聩,对学界研究有很强的指导意义,为发现、研究和解决行政成本方面的新问题,提供了新的研究思路和坚实的理论基础。

夏书章教授在廉政和反腐败方面,也有大量精辟的论述。按照对"行政专业"的理解,夏书章教授提出了近似一副对联的两句话:"行建设有中国特色社会主义之政,须勤政、廉政;专为人民服务当好人民公仆之业,应敬业、乐业。"① 在《现代公共管理概论》一书中,夏书章教授以"警惕公共管理工作中的腐败现象"作为第十二章第三节的标题,辟出专节详细论述这个问题,并特别强调"公共管理人员应警惕'官商'作风,这是为了保持公共管理的本色,更好地为社会公众和建设有中国特色社会主义服务。不能使公共管理变

---

① 夏书章:《依法行政》,载《中国行政管理》2001年第2期。

质、走样，误入歧途"。"在公共管理领域要强化工作人员的服务观念是完全应该的，无论是否属于国家公务员系列，提倡发扬社会'公仆'的精神非常适宜。""无论如何，一定要保持清醒和提高警惕，不可让服务观念淡薄下去和'公仆'精神受到削弱。"①

关于如何看待廉政，夏书章教授从不同角度进行研究，提出四个重要观点：第一，为什么"廉政有理"？因为"坚持和捍卫廉政是正义之举，是符合广大人民群众的心愿和国家、社会发展的根本利益的"。第二，为什么"廉政当建"？因为"人民衷心希望和强烈要求实行廉政，但廉政不可能自发地到来，必须自觉地去建设"；"因为人所处的客观环境及其本身的主观状况都会发生变化，没有相应的制约机制或足以控制和纠正偏差的措施，往往不能或难以及时纳入正轨"。第三，为什么"廉政不易"？因为"廉政建设的难度很大"，"否则，就不会给人以古今以来如久治不愈的'顽症'的印象了"；因为"在我国的社会发展史中，封建统治的时期很长，这就使'官'的概念及与之相关的种种联想世代相传"。"虽然在经济发达的官场也有贪污行贿的事，但在经济不发达的社会，则常有过之而无不及。这也与民主气氛和公共监督的有无和强弱有关。"第四，为什么"廉政可兴"？因为"今天廉政建设，用得上共产党人的老法宝，就是'认真'二字"，"廉政建设"必须而且只能"认真从事"，这样，就能积小胜成大胜。②

监督是腐败的克星，监督是反腐倡廉的关键。夏书章教授十分重视监督和控制的重要性。在《现代公共管理概论》及《"三国"智谋与现代管理》二书中都列专著详论监督和控制。"监督和控制，包括各种形式的检查督促和调控措施，是现代管理中决不可少，并且是居于重要地位的一个环节。"夏书章教授具体而深入地探讨如何从"外部监督""内部监督""自我监督"三个方面和"事前监控""现场监控""事后监控"三个阶段建立和健全监督机制。"监督和控制的

---

① 夏书章：《现代公共管理概论》，长春出版社2000年版，第187页。
② 夏书章：《廉政建设面面观》，载《社科百家》1989年第3期。

形式是多种多样的,如定期或专题报告工作,检查、督促、视察、指导,等等。"有效的监督机制不仅应当是全方位的、系统周密和可操作的,而且应当是规范化和法制化的,这样才能渐入佳境。"在现代管理中,监督和控制必须建立制度,并使大家养成习惯、蔚为风气,认识到监督和控制的重要性而自觉地遵守和配合。"①

  综上所述,正是在夏书章教授本人及其同仁的努力下,中国公共管理的学科内涵得到了明确,研究领域得到了初步划定,一个相对严密的、结构合理的、内容饱满的公共管理学科研究体系在中国得到了确立。也正是因为这样,公共管理学作为一门有着独立的研究领域、有着较为完善的研究体系的学科,获得了中国社会科学界和国内外科学管理权威系统的认同。需要指出的是,公共管理学恢复30多年以来,中国公共管理学的绝大部分研究仍然是在夏书章教授为代表的老一辈学科开拓者所确立的学科体系框架内进行的。而且,可以毫不夸张地说,在今后很长的一段时间内,中国公共管理学研究也很难根本跳出这一学科体系,足见夏书章教授之高瞻远瞩和远见卓识。

---

① 夏书章:《"三国"智谋与现代管理》,湖南科学技术出版社1987年版,第201页。

下编

夏书章学术思想的
传承与拓展

# 第七章　直面真实问题的行政学品格[1]

## 第一节　问题意识与公共管理学的重建、发展

《把行政学研究提上日程是时候了》一文的发表标志着中国行政学恢复和发展迈出了具有决定性意义的第一步。夏书章教授学术思想的发展轨迹映射了当代中国公共管理学的成长历程。在家国情怀的指引下，"上医医国、次医医人"[2]的学术抱负使得夏书章教授的学术轨迹始终紧扣中国公共管理实践的时代脉搏，在面向真实的问题中不断身体力行，推动着中国公共管理学的学科建设与人才培养。梳理夏书章教授对中国公共管理学重建、发展的贡献，我们发现，问题意识始终贯穿于夏书章教授的学术脉络，"真实问题、问题中国"一直是夏书章教授公共管理学研究历程中重要的学术基点。在推进国家治理体系与治理能力现代化的今天，当代中国迫切需要面向真实问题的公共管理学理论对转型期的公共管理实践进行理论阐释、困境分析及提供科学的路径选择。由此，重温当代中国公共管理学的主要奠基人夏书章教授的经典论述，拓展性解读其重要论述中的问题意识，对中国公共管理学的发展具有重要的方法论意义。

公共管理学是在19世纪末、20世纪初由西方引入中国的。[3] 但20世纪50年代后，随着全国高校院系调整，公共管理学科在中国的

---

[1]　本章节的主要内容见《中国行政管理》2016年第11期。
[2]　夏书章：《用学术实践"上医医国"思想》，载《南方都市报》2006年11月15日。
[3]　朱正威：《为中国行政管理学科的重建奠基领跑》，载《中国行政管理》2012年第1期。

发展几近中断。直到1979年，邓小平在理论工作务虚会上指出"政治学、法学、社会学以及世界政治的研究，我们过去多年忽视了，现在需要赶快补课"，中国的公共管理学的政治生态才逐渐得到改善。夏书章教授敏锐地意识到了学科发展机遇，在1982年1月29日的《人民日报》上发表了著名的《把行政学的研究提上日程是时候了》文章，该文对当代中国公共管理学的重建起到了奠基意义。文章的问题意识、时代感、现实感对中国公共管理学研究具有重要的学术价值。夏书章教授在该文中对行政效率低下做了四个维度的问题分解。首先，就行政组织而言，夏书章教授提到："设置一个机构，是否必要？列入什么级别为宜？编制如何？职责分工及其与上下左右内外各单位的关系怎样？"① 这句话直接从公共管理的现实出发，指出行政实践中绕不过、躲不开的组织问题，其研究视角具有很强的实践指向、问题指向。遵此论述风格，夏书章教授进一步对人事、工作方法、机关管理等问题进行了深入阐释并指出："要搞好现代化建设事业，就必须建立和健全现代化管理（包括行政管理）和实行社会主义法治（包括行政立法）。这样，我们就需要社会主义的行政学和行政法学。"② 中国公共管理学的重建不仅仅是一个学科成长的必须，更是面向当代中国公共管理实践的客观需求，聚焦同现代化发展伴生而来的真实问题与行政困境的必须。可以说，中国公共管理学的重建是寓于中国现代建设事业历史进程的重要事件。据此，我们可以看到，夏书章教授对中国公共管理学重建的卓越贡献至少体现了两个层面的问题指向：①在宏观上，中国公共管理学的学科建设是现代化发展的系列治理困境得以解决的重要路径；②在微观上，中国公共管理学的学术研究应当是立足于公共管理实践中的真实问题。

经过近40年的发展，中国公共管理学的学科建设取得了长足进步，拓展出了"危机管理、绩效管理、公务员编制研究、公共预算、

---

① 夏书章：《把行政学的研究提上日程是时候了》，载《人民日报》1982年1月29日。
② 夏书章：《把行政学的研究提上日程是时候了》，载《人民日报》1982年1月29日。

社会政策、NGO（非政府组织）与公民社会、腐败与廉政、公共服务供给机制、食品与药品监管等新的研究领域"[1]。公共管理问题的复杂属性决定了该领域巨大的跨学科研究空间，来自政治学、经济学、社会学、法学、复杂性科学等学科背景的研究者也逐渐加入公共管理学的相关研究领域，取得了突出的跨学科研究成果。研究方法上，定性分析、定量研究、实验法、内容分析、复杂网络等丰富的研究方法正逐步提升公共管理学的研究质量。可以说，中国公共管理学在研究领域与研究方法上取得了一定突破，一定程度上服务了国家治理与社会建设的客观需求。但整体上，中国公共管理学的发展至少还面临以下三个问题：

**1. 价值理性与工具理性的融合问题**

在学理渊源上，行政学以政治与行政二分理论的产生为诞生标志，可以说，政治学是公共管理学的母学科。因此，脱胎于政治学的公共管理学从诞生开始就自带"价值理性"基因。随着众多新兴的研究工具引入中国公共管理学科，以方法作为先导的工具理性成为公共管理学研究的重要取向。"价值理性抑或工具理性、规范研究还是以定量分析为主的实证研究"这类问题在当今中国公共管理学研究中一直面临争议，如何整合不同研究范式形成价值理性与工具理性的有机统一，成为中国公共管理学发展面临的重要现实问题。

**2. 身份困境与学科范式问题**

与其他社会科学相比，公共管理学的研究边界、研究主题、研究方法尚未形成十分独特、清晰的学科属性。一方面，这种模糊性增强了学科发展的弹性，为跨学科研究的展开提供了充分的空间。夏书章教授也认为，多学科的相互交叉与渗透应当是行政学发展过程中的必然情况，因为行政学本身并非是孤立的学科。[2] 另一方面，这种模糊性也导致公共管理学在回答"自身是谁"的问题上难以获得与其他

---

[1] 马骏：《中国公共行政学研究：反思与展望》，载《公共行政评论》，2012年第1期。

[2] 夏书章：《夏书章自选集》，广东人民出版社2007年版。

学科严格区分的身份标签，遭遇一定程度的身份危机。这种身份危机同时也与学科范式的不成熟有关，政治学、经济学、法学等学科的研究范式常常运用于公共管理学的相关研究领域，而公共管理学尚未形成足以与社会学、经济学等学科相媲美的成熟的研究范式（后文详述）。

### 3. 治理碎片化与公共组织的协同治理问题

在公共管理实践中，分工的专业化使得组织内部的行政管理变得更加便利，但公共问题的非线性、动态性、涌现性等特征要求与之相匹配的治理模式必然是整体性治理与合作治理。由于中国的现代科层制结构存在条块分割、职责同构的结构特征，在现实情境下往往遭遇反应迟缓、进退失据的"体制性迟钝"① 现象，即便是大数据条件下的公共管理，也依旧存在事实上的信息分割、部门协同程度不足等困境。面对治理的碎片化，夏书章教授敏锐地指出，"发展实践证明：许多公共事务，是政府包办不了和办不好的"，"为此，加强合作治理研究显得很有必要。尤其是在新的历史条件下，其中理论和实践都大有文章"。②

## 第二节　中国情境下的真实问题

"引进学科有其产生和发展的历史和现实背景，我们应当尝到原汁原味和认清本来面目，不能只看表面皮毛。"③ 在夏书章教授的学术生涯中，公共管理学的本土化一直是他高度关注的重要学术议题，从国情出发、从实际出发是夏书章公共管理学思想的重要体现。

中国拥有悠久的公共管理历史，西方经典行政学理论之一的官僚制理论所指涉的分析对象在中国古已有之，甚至可以在实践中将中国

---

① 唐亚林：《社会矛盾遭遇体制性迟钝的制度原因》，载《探索与争鸣》2009年第3期。
② 夏书章：《行政管理学科研究顶层设计问题刍议》，载《中国行政管理》2011年第8期。
③ 夏书章：《"三国"智谋与现代管理》，湖南科学技术出版社1994年版。

定位为传统官僚制的渊源之一。但就知识规范意义上的学科而言，中国公共管理学源自于美国，现代中国公共管理学界的主流范式均来自西方，这就涉及公共管理学的本土化问题。按照制度经济学的分析逻辑，制度变迁会遵从不同历史条件下的路径依赖。

学术理论也是如此，中西方的历史与传统的重要差异决定了西方公共管理学理论对中国情境的解释具有相当的局限。"文化提供价值，价值提供合理性"，在漫长的历史发展长河中，中西方的文化基因、核心价值理念并不同质，基督教文明下的学术样态与中国实践、中国问题具有内在差异的结构性张力。同时，按照"经济基础决定上层建筑"的逻辑，发展中的中国社会具有自身的阶段性特征，这就使得中国与资本力量发达的西方社会具有不同的治理场景。西方发达国家在自身实践中孕育了不少经典的公共管理理论，但正如夏书章教授所言，不同的行政学理论产生于不同的历史背景、文化背景与物质基础，西方经典公共管理理论是否对中国情境具有恰当的解释力？是否一定能对中国的公共管理现象做出符合中国历史逻辑、文化观念、经济发展水平的具有自洽性、涵盖性、框架性的理论解释？以奥斯特罗姆的多中心治理理论为例，民主氛围浓厚的美国社会似乎存在天然的权力反抗基因，资本力量的充分发育决定了社会运行的多元动力机制。由此，力量相对平等的多中心治理格局成为公共治理的必然。但该理论对中国治理场景的解释则显得捉襟见肘。由于中国大一统、单一制的历史传统，国家权力在行政管理与社会治理中长期居于主导地位。同时，中国的近现代史赋予了中国共产党治国理政的历史合法性，这异于西方理论中的"执政"概念。作为公共管理的主导力量，中国共产党在漫长的革命与建设进程中形成了扎根中国社会的"领导"属性，在国家治理格局中形成的一元化的支配力量。这在线性的民主思维中是难以理解的，而这一"单中心主导下的多主体参与"的治理格局遵循了中国公共管理实践的客观规律并形成了自己特有的生长逻辑。这种具有中国特色的治理图景正是中国公共管理学面临的复杂且特殊的研究情境，对此现象的无意识或简单地叙述多中心治理概念则容易失去研究根基，导致公共管理学研究者的论述脱离了中国公共管理实践的真实问题,其学术成果自然无法对真实的中国现实做出理论指引。

夏书章教授践行了他"绝不机械照搬西方行政学理论"的治学理念,从中国的历史文化传统出发,同时又将其与西方公共管理理论进行比较、甄别,直面现代行政学的真实问题。夏书章教授悉心挖掘中国古代文献,将中国传统文化中的行政学思想进行梳理、批判与修正。在研究中,他进行了中国古代与现代西方的行政学话语衔接,研究案例既生动鲜活、具有典型的中国智慧,同时又呈现出了行政学的基本原理。例如,他先后通过撰写《从"三国"故事谈现代管理》《"三国"智谋与现代管理》《〈孙子兵法〉与现代管理》等论著阐释中国古代丰富的公共管理学思想。他明确指出,"我们感兴趣的第一个方面就是,三国智谋与现代管理问题有关的那些问题"①,开宗明义,直面现代管理的真实问题。可见,夏书章教授将研究问题作为学术探索的第一步骤,敢于并善于从真实的现实问题中进行选题与研究设计并对现实问题做出具有中国特色的理论回答。

如何避免西方公共管理学理论对中国情境的简单套用并准确感知中国情境下的真实问题?本质上,这一"公共管理学在中国"的重要命题直接关乎中国公共管理学的发展水平及其在社会科学中的地位。夏书章教授主张深刻剖析西方公共管理学理论产生和发展的历史和现实背景,在中西比较中避免机械照搬。注重中西历史、文化、经济环境的差异,这对中国公共管理学研究具有重要的方法论意义,即比较视野下的公共管理学研究。相比比较政治的学术发展,比较公共管理学还有较大的提升空间。在实践上,中国有五千年的文明史,且具有悠久的公共管理史,不同历史时期的政治制度、公共政策以及当前的社会转型样态等,都构成了极具学术价值的研究财富,为行政学研究的中国化提供了生动素材。可以说,直面真实的中国公共管理学问题本身就是对国际公共管理学主流的介入,中国公共管理学的发展

---

① 夏书章:《行政的实质在于行》,载《人事与行政》1989年第6期。

并不仅仅是对公共管理领域的国际话语权争夺,更是整个人类公共管理学成长的重要组成部分。

## 第三节 根植中国问题的方法论启示

夏书章教授为中国公共管理学的重建及发展做出了卓越的贡献,其毕生的学术研究既与中国公共管理学的命运息息相关,更与近现代中国的公共管理实践深刻相关。梳理夏书章教授的学术思想,不仅要深化对其重要理论成果的研究,更要对其贯穿始终的问题意识与实践情怀做更加精细归纳与总结。高品质的中国公共管理学研究,必然是对真实的社会问题具有足够的敏感性与针对性,并能在现实困境与经典理论之间完成学理链接或者理论重构,使其分析切中要害,对公共管理实践产生重要意义。夏书章教授大量的学术论著为我们提供了直面现实世界的中国公共管理学问题的典范,为中国公共管理学研究提供了重要的方法论基础。受此启发,我们认为,直面中国公共管理学的真问题需要立足中国情境,根植学术脉络与理论渊源,在实践导向中进行公共管理学理论的传承、对话与再造。

### 1. 将"中国问题"作为公共管理学研究的学术起点

目前的公共管理学主流理论和基本范式源自西方,如果没有足够的问题意识,很难对经典公共管理学理论进行批判性吸收,更无法实现对中国公共管理实践的指导。譬如在基本的问题指向上,"中国正处于经济、社会、文化的全面转型中,公共管理学必须更多地关注国家治理的基本制度"[①]。但美国则与此不同,由于现代国家建构的基本成熟,美国的公共管理学更多地可以讨论具体的管理实践。显然,中美两国的国情差异导致了公共管理学基本问题指向上的根本区别。因此,公共管理研究者要清楚地认识到中国问题的内在特殊性,不能在基本的研究问题上接受不同历史条件、文化背景和发展水平的问题定义。

---

① 夏书章:《行政的实质在于行》,载《人事与行政》1989年第6期。

### 2. 将问题的提出根植于学术脉络与理论渊源

系统性、专业性的公共管理学分析必须能够将所提出的真实问题置于扎实的学理根基之中,站在公共管理学说发展的角度对公共管理实践中的真实问题进行清晰定位,并在问题导向下选择恰当的研究方法对其进行研究。这个过程在本质上也是学术对话的过程,是从学科发展的角度回应一系列重要的理论与现实问题,进而不断促进中国公共管理学理论的完善与公共管理实践的创新。同时,学科本土化建设的规范性要求也赖于此。

### 3. 充分理解公共管理的实践语汇与实践需求

公共管理学是一门注重实践的应用类学科,完全脱离实践的书斋式想象是对学科宗旨的背离。应用导向的学科属性决定了研究者必须实实在在面向当代中国公共管理的实践场景,在实践动向中把握并理解中国公共管理的基本逻辑。因此,中国公共管理研究者需要将公共管理的实践语汇与实践需求作为必修课,真正推动公共管理学在国家治理中扮演更加重要的角色。

# 第八章　坚持公共管理学的中国话语

## 第一节　传统文化资源与中国公共管理学的叙事基础

夏书章教授强调，在引进国外先进行政学理论和实践经验的同时，充分挖掘中国古代的优秀的行政思想，使其在现有条件下重新焕发生机，为今日的公共管理学的发展提供思路与指导。他认为，中国古代博大精深的管理思想宝库，应该成为建设有中国特色公共管理学的重要思想资源。他自己也身体力行发掘中国古代的优秀管理思想，将前人的智慧、经验为我们所用。

夏书章教授一贯坚持"古为今用"的原则，在对待中国古代管理思想问题上，他旗帜鲜明地反对借古讽今、厚古薄今、食古不化、抱残守缺等，提出"我们不是为了'发思古之幽情'，一味在'古色古香'中自我陶醉，而是抱着科学的态度，实事求是地处理好这方面的问题"。纵观夏教授学术生涯，可以看出他一直在探索"古为今用"的前沿阵地，不但在大量论著中经常借古鉴今，弘扬中华文化精华，而且围绕"现代管理"主题，撰写了《从"三国"故事谈现代管理》《"三国"谋智与现代管理》《〈孙子兵法〉与现代管理》等著作。夏书章教授认为，"古为今用"的精神实质，在于将前人的智慧、经验，为后人的事业服务，使之少走弯路、快见成效。"'古为今用'同当前的改革并不矛盾。改革只是改掉那些不适应新形势、新情况和妨碍现代化建设事业前进的东西，而对于能继续发挥积极、有益作用者，则予以保持和加以维持，甚至使之发扬光大。因此，问题不在于时间的远近，而在于其价值和效果。"人类社会也正是这样逐步发展和日益发达起来的。

回顾《"三国"智谋与现代管理》，夏书章教授始终从构建中国特色的公共管理学出发，从现代管理的视角来解析"三国"故事。如他所言，"要在马克思主义的指导下，按照建设有中国特色社会主义在管理方面的要求，去分析、研究'三国'智谋对于今天仍然具有积极意义、有启发性和可资参考及借鉴的那些内容。不是就当时的管理水平来论管理，而是从现代管理的实际出发，看它的精神实质和带原则性的东西"。他将"写书的基本态度"陈述为："（1）我们所感兴趣的是'三国'智谋中与现代管理有关的内容；（2）我们所不感兴趣的是以讲'三国'智谋代替对现代管理理论和经验的学习；（3）关于'老不看〈三国〉'的说法——不在看不看而在怎么看。"在谈到"现代管理诸要素"时，他从实际出发，主张不要在概念上纠缠不清、分散注意力，而是从实际出发，对"三功能"说、"四循环"说、"七要素"说进行综合，既讲清管理中的共性因素，也适当侧重某些专业领域的特殊项目，并归纳出36个要素。全书用现代管理的视角，运用发展思维，阐发三国智谋，他不是教人蹈常袭故，拾人牙慧，而是教人含英咀华，着眼于现实生活的需要。

夏书章教授反复倡导："要用科学的世界观和方法论来研究前人留下来的历史遗产"，"要大力提倡、鼓励开拓和进取的精神，高度警惕和严格防止那种食古不化的不良倾向和企图坐享其成的懒汉思想"，"尽我们的水平之所能及，力争做到取其精华，弃其糟粕"。正是从这些原则出发，夏书章教授从"三国"智谋中拣出颗颗珍珠，让其刮垢磨光，大放异彩。如"关于管理决策"一章，夏书章教授从诸葛亮说服孙权进行赤壁之战等事例，分析决策的前提和后果；从袁绍"谋而无断"和"断而不当"的事例，说明在决策工作中"谋"和"断"的重要作用和内在联系；从诸葛亮对"木牛流马"留一手，看决策贵有预见性。又如"关于人事和人才"一章，夏书章教授除了在综评人的因素在"三国"智谋中得到高度重视外，还特别从"三国"故事中的主要角色绝大多数都是年轻人出发，大谈不可低估年轻人的作用，更从刘备对庞统和曹操对张松的态度，告诫人们要警惕在人才问题上的偏见。再如，在"关于管理中的授权"一章，夏书章教授着意指出授权与争权、分权、夺权、揽权、越权等有原则区别。《三国演义》体量较大，人物多，事件杂，原著是文学的笔法，往往引人入胜，如果从现代公共管理学的视角对其进行理论审视则难免枯燥，可能在文本的可读性上遭遇难题。对此，夏书章教授十分注意将理论研究和知识传播相结合，运用直白朴实的语言揭示古典小说故事中的管理学意蕴。摆史事，如数家珍；写人物，栩栩如生；论智谋，言如己出；状情境，如临其境。管理学视角中的三国故事，在夏书章教授的笔下活灵活现。

20世纪80年代后，国际管理学界掀起了一股"《孙子兵法》热"，但夏书章教授写《〈孙子兵法〉与现代管理》，不是为了"出口转内销"，而是从一个全新的视角，将其与现代管理联系起来，转换了学习、研究的方法，开拓了一片崭新的天地，使读者获得对现代管理的有益启示。在严格的学术意义上，同其他传统的中国典籍一样，《孙子兵法》尽管折射了丰富的管理智慧，但其语言形态终究与现代管理学学术话语形态差别较大，如何解析这种古典的、文学的、故事的语言形态中的管理内涵，并将其与现代管理学的学科语言相比照，从而提供知识生产意义上的学术增量，是现代性视野中的传统文化研究面临的方法论难题。因此，这需要把《孙子兵法》同现代管理放在一起，找出它们之间内在的有机联系，并使前者有效地服务于后者。夏书章教授将"古代兵法"和"现代管理"两者相结合，敏锐地发现《孙子兵法》除较少数是单纯军事技术性质的论述外，贯穿于全书13篇的精神实质，颇多合乎现代管理工作的要求，只要从管理的眼光去审视，通用的理论原则就会一一呈现出来。《〈孙子兵法〉与现代管理》一书，以"关于'孙子'和《孙子兵法》"开局，澄清了误解，摆清了题旨，为读者指点了研究的方向。接着，以"有必要先提出和明确的几个问题"为承转，弄清"兵法"与"管理"的内在联系，摆明"借古"与"鉴今"的思维逻辑。之后，夏书章教授按原书顺序分12篇，即"计篇""作战篇""谋攻篇""形篇""虚实篇""军争篇""九变篇""行军篇""地形篇""九地篇"

"火攻篇""用间篇",并予逐篇讨论,对于每篇所包括的观点或段落,分别阐述。读者不但能对这部古典名著进行全面详细的研读,而且还可以从中领会到其用之于现代管理中,哪些可用、哪些合用、哪些大可活用。

夏书章教授认为,处理事务、解决问题、经营管理、进行竞争等等,总离不开具体对象或对手,尽管在性质上不同于军事上、战场上的敌人,但必须充分了解主、客观情况的要求则是相同的。由此而来的关于环境和形势、目标、预测、计划、谋略、决策、组织、人事、领导、执行、协调、监控、资产、后勤、法纪、士气、信息、咨询、公共关系、效率、方法、应急等管理要素或环节,便相继各得其所。名词、术语可能古今不一,但只要由表及里、由浅入深地加以梳理、挖掘,大可从近似或同类的实践经验中,获取有助于提高掌握全局、统御整体、协调关系、追求实效、实现目标、得以成功的有关启迪。夏书章教授正是运用这样缜密而又灵活的思维方式和深入浅出的评论笔法,让读者从《孙子兵法》一书中"举一隅而三隅反",获得对现代管理的有益启示。

坚持公共管理学的中国话语,需要在传统与现代两条路径上汲取学科成长的经验与智慧。中国具有悠久的国家治理历史,在漫长的制度变迁历程中沉淀了深厚的公共管理学养料。正如习近平总书记所言,"中国古代大量鸿篇巨制中包含着丰富的哲学社会科学内容、治国理政智慧……为中华文明提供了重要内容,为人类文明做出了重大贡献"[①]。遗憾的是,古老的公共管理智慧并未直接催生出具有严格知识范式特征的现代公共管理学科。因此,中国公共管理学的本土叙事要充分挖掘传统资源,这些不同于西方知识体系的传统历史,是我们可以进行理论创新的重要突破口。《从"三国"故事谈现代管理》《"三国"智谋与现代管理》《〈孙子兵法〉与现代管理》等书籍,就是在历史的视野下寻找公共管理的中国阐释。近期的研究中,胡象明

---

① 习近平:《在哲学社会科学工作座谈会上的讲话》,载《人民日报》2017 年 5 月 18 日。

依托中国古代文献,从"自然主义、中和主义、权治主义"[①]等角度研究了传统文化中丰富的政策思想。传统中国的公共管理智慧是一笔十分宝贵的学术资源,这对中国公共管理学的本土建构具有重要意义,应当引起学界更加广泛、深入的研究。同时,中国公共管理学的知识生产还需要结合当代治国理政的实践语汇与实践需求。例如,陈振明从政策科学建构的角度,系统梳理中国共产党治国理政的重要文献,分析其对本土化政策科学理论的启发,[②]就是这一研究路径的体现。

现实中,不难发现,公共管理的学术语汇与治国理政的实践语汇在话语形态上具有一定差异性。审视这种差异性,需要明确的是:与实践语汇相比,学术语汇是一种承接思想传统与知识脉络的话语体系,需要更加讲究逻辑性与修辞性。但同时需要注意到,治国理政的具体实践决定了公共管理学术语汇的存在与发展。如果知识生产的话语脱离了真实的治国理政情境,这样的学科体系终将不被社会所尊重。尤其对于公共管理这样一个应用型学科而言,一味依赖西方知识体系中的理论模型与方法工具,简单图解真实中国情境中的复杂现实,只会将知识生产做成学者们的书斋式愿景,而非一门可为国家治理实践供给理论智慧的重要学科。因此,中国公共管理学的本土叙事,既要从丰厚的传统资源中寻找学科知识的历史定位,又要根植于当代治国理政的真实情境,重塑或再造中国公共管理学的话语体系。

## 第二节 国家治理变革中的公共管理学建构

在学术旨趣上,"家国情怀"的人生志向决定了夏书章教授对国家治理主题深刻而隽永的学术情感。主张挖掘本土的传统资源建构学科的基本概念与理论体系,主张从国家治理的真实问题与现实需要出

---

① 胡象明:《中国传统政策文化及其对政策科学本土化的价值》,载《中国行政管理》2017年第2期。
② 陈振明:《党中央治国理政政策思想与中国特色政策科学理论构建》,载《中国行政管理》2017年第2期。

发做有政策启发的学术研究，夏书章教授这样倡导，也这样实践。除了对古代典籍的学术挖掘，面向国家治理实践进行学科建构与知识生产是夏书章教授长期坚持的重要原则。行政管理学在中国重建之初，夏书章教授对于构建中国行政管理学学科体系的贡献，主要体现在他领衔编写现代中国第一本公共管理的教科书——《公共管理学》，出版了我国第一部系统研究中国行政管理学的专著《行政学新论》，为创建有中国特色社会主义行政学"拓荒""耕耘"，填补了我国行政管理学科的空白。

夏书章教授没有满足这个成就，相反，他一直思索着怎样去深化中国行政管理学的学科体系。为求在原有基础上有所提高和创新，本着"为创建有中国特色社会主义行政学及其普及和提高而继续努力"的宗旨，夏书章教授主持推出了教材《行政管理学》（中山大学出版社出版）。新版《行政管理学》进一步完善学科理论体系，涵盖了"行政和行政管理学，行政环境，行政职能与行政组织，人事行政，行政领导，行政立法与行政道德，财务行政，行政目标行政计划与行政预算，行政执行与行政监督，行政信息与行政咨询，行政公共关系与行政协调，办公室管理，后勤管理，行政效率"等领域，拓宽和加深了相关研究主题。

由于国家治理变革的推进，夏书章教授并不仅仅满足于知识体系层面的完善，他始终密切关注着国家行政管理改革的新情况、新问题，关注着学科研究的新成果和教学实践中的新反馈。例如，在该教材第二版的修订中，增加了20世纪90年代后期国家治理中的重要主题——行政文化与行政改革。在第三次修订中，夏书章教授及其团队专门将"行政职能"独立出来，这是对我国加快政府职能转变步伐、加强对权力的制约和监督、深化行政管理体制和干部人事制度等改革多方面变化的理论体现，彰显了夏书章教授倡导的"在改革中建立行政管理科学体系"的精神。

夏书章教授始终把中国的行政管理学的发展与中国社会的现实问题紧密联系，他在深化中国行政管理学科体系探索的同时，还十分关注社会发展中的难点、热点、焦点问题，并且在研究新情况、解决新问题的过程中,不断丰富和拓展中国的行政管理学的新领域。在教材的第四次修订中,夏书章教授旗帜鲜明地提出,"作为一门应用性极强的学科,其旺盛的生命力在于理论密切联系实际,真正把学以致用做到、做好,才能收到预期的实际效果。也就是说,如果不合国情、脱离实际,终将格格不入,徒劳无功"①。

按照中国政治生活的基本特征,以党代会的变迁为轴线,夏书章教授一般以5年为周期对《行政管理学》教材进行更新,每次更新都及时补充时代发展的新动向。书中梳理了从1982年到2013年间的重要行政改革事件。尤其在第五版的《行政管理学》中,夏书章教授及其团队结合党的十八大报告指出的中国行政改革目标,提出了"继续简政放权,加快政府职能转变;稳步推进大部制改革,健全部门职责体系;优化行政层级和行政区划设置;创新行政管理方式,提高政府公信力和执行力"② 在内的中国行政改革展望。综上所述,夏书章教授主编的教材总是立足国家治理实践,与时俱进,力争在充分把握时代特征的基础上发展和繁荣具有中国特色的行政管理学知识体系。

改革开放之初,百废待兴,人才问题十分突出,夏书章教授认为,"在开创社会主义现代化建设新局面中,人的因素很重要。因此,要注意调动人的积极性和创造性,发挥人的潜在能量",所以有必要"考虑到现行人事制度、人事管理的方法和措施有否符合四化建设的要求,不符合的就应该改革"。他十分关注人事行政领域的研究,不但多次发表文章大声疾呼《人事工作有大学问》(1983年《中国劳动》)、《人事管理是一门重要专业》(1984年《广东人事工作》),而且编写出版《人事管理》(人民出版社1985年版)等专著,并且在其所有的论著中将"人事""人事管理""人事管理改革"列为公共管理科学的重要分支。

人才问题的关键在于教育,教育领域特别是高等学校,在"文

---

① 夏书章:《行政管理学》(第四版),中山大学出版社2008年版,第1页。
② 夏书章:《行政管理学》(第五版),中山大学出版社2013年版,第462~470页。

革"时期遭受到了严重的破坏。面对教育领域特别是高等学校开始拨乱反正的新形势,夏书章教授积极投身于高等教育改革大潮之中,他提出了《关于建立我国高等教育管理学的设想》(1983年《高教研究》);他关注《高教改革中的教学改革问题》(1985年《高教研究》);他四处奔走,传授高等教育管理的理论和方法;他的《高等教育管理学讲话》(山西人民出版社1985版)和《深化高教改革必须加强高教研究》(1992年《高教探索》)更是以行政管理学家高屋建瓴的战略眼光看待高教的改革和发展。今天,包括高等教育管理学在内的教育经济管理已经发展成为公共管理学科中一个不可或缺的学科领域。

　　夏书章教授对市政学情有独钟,他在《市政学引论》(1994年)的"序言"中说,"回忆在大学读书时,市政学是我比较感兴趣的学科之一。到研究生阶段,专业虽然是行政学,但是,更相对集中注意力于市政学。因为当时已把市政学作为城市行政学而非城市政治学看待,认为是行政学领域进一步具体化的一个重要方面。到市政府去实习时,实际已将行政学和市政学的应用结合在一起"。中华人民共和国成立后,夏书章教授被聘为所在城市的人民政府成立的"市政建设计划委员会"成员,直接参与市政实践,准备以新的观点编写《新市政学大纲》。改革开放后,他大声疾呼《城市发展必须重视管理》(1986年《政治学信息报》),提醒《城市如何管理亟待广泛深入研究》(1989年《中国城市科学研究会会讯》)。他积极推动市政学的发展,撰写出版了《市政管理八议》(1988年)、《中国城市管理》(1990年)、《市政学》(1991年)和《市政学引论》(1994年)等专著,为市政学的发展提供了学科基础与框架。

　　行政成本的高低,直接影响着国民经济的正常发展。夏书章教授于2003年在《中国行政管理》上发表短评《行政成本》,倡导关注中国发展中的行政成本问题。在《加强行政成本研究贵能及时到位》一文中他认为,行政成本研究是行政管理研究中的重大课题;必须正视行政成本偏高、过高、太高等问题。2007年,夏书章教授连续在《财政监督》《中国行政管理》等杂志上发表《加强行政成本研究意义重大深远》《行政成本是发展成本的重要组成部分》等文章，提出了加强行政成本研究的呼吁，为解决新问题、新情况提供了有力理论支持。

在思考中国当代发展道路的过程中，夏书章教授以他敏锐的学术眼光，率先把知识管理引入公共管理领域，他的《公共管理与知识管理》一文一经发表，立刻引起了行政管理学界的高度关注，他以83岁的高龄，于2002年主持国家社会科学基金项目——《从二十一世纪行政管理的变革和发展趋势研究知识管理》。他的专著《知识管理导论》和论文《建设创新型国家需要创新型公共管理》，使知识管理成为行政管理学的一个新的、值得更多关注的新领域。

在全面、系统分析当代中国国家治理的结构性问题时，夏书章教授运用执政党的话语体系，将其与公共管理学的基本原理相结合，出版了专著《论实干兴邦》。他将"人力资源管理、行政成本、行政效率、行政价值"等公共管理的基本研究对象同"毛泽东思想、邓小平理论、'三个代表'重要思想、科学发展观、中国梦"[①] 等执政党的理论话语相结合，用中国话语研究中国问题，为当代中国公共管理学的理论建构提供了重要借鉴意义。

哲学社会科学的知识生产，是以社会结构及其相互关系为根本基础。这种区别于西方历史、政治、社会环境的结构性图景是中国公共管理学知识生产的实践基础，它先于知识形态的出现而客观存在，如果对这种实践场景的特殊性与复杂性选择性失明甚至索性视而不见，遵照一种知识理念的"先验逻辑"或者将传统的西方行政学理论谱系奉为圭臬，都难以对中国国家治理做出符合逻辑性、社会性、科学性的理论概括。传承夏书章教授的学术思想，不仅仅是从学术观点层面的传承与拓展，更是对其治学态度和学术品格的传承与发扬。在此指引下，分析中国国家治理的结构性特征就显得尤为必要。例如，从"国家—社会"来把握中国公共管理研究对象的结构性特征，政党属性、国家制度传统、官僚体系运转、社会治理及其内化于国家治理逻

---

① 夏书章：《论实干兴邦》，中山大学出版社2016年版，第2～9页。

辑的中国政治伦理等，共同构成了中国国家治理场景的结构性议题。

如前文所述，从知识社会学的角度理解学科建构，能够发现：国家间历史传统差异催生了不同的社会结构及其相互关系，差异化的社会结构及其相互关系也会催生差异化的社会科学形态。从这个意义上说，如今主导公共管理学全球化进程的西方知识体系在本质上是一种人类学意义上地方性的知识，或是哲学意义上的特殊主义知识，并不能拔高到全球性知识或者普遍主义知识。

以美国公共管理学为例，学科起源与发展的制度环境包括"依立法、司法、行政'三权分立'的学说建国，强调总统制与行政权力的作用"[1]，联邦制的国家结构形式，两党制，成熟的资本主义与工商管理体系，等等。现代中国则是在中国共产党的领导下完成的国家建构，单一制的历史传统，拥有中国特色社会主义的基本经济制度，等等。这些在历史和实践中获得的领导属性根本区别于美国的两党竞争模式。这些区别从根本上决定了两个国家公共管理的内在差异，正如习近平总书记指出的，"我国今天的国家治理体系，是在我国历史传承、文化传统、经济社会发展的基础上长期发展、渐进改进、内生性演化的结果"[2]。这种内生性演化而来的治国理政实践，会催生出诸多本土化的学术议题。例如，在中国情境中，作为中国国家治理的灵魂，中国共产党的自身建设是理解当代中国的重要密码，这一研究路径根本区别于西方公共管理学体系。强调"党领导下的党政分工"[3]，而非"政治—行政"二分，即公共管理的价值理性具有先在性，脱离核心价值体系的公共管理研究在中国并不具备生存土壤。同时，在社会治理形态上，这体现为遵循党和政府主导的多主体合作，而非治理主体上的"多中心"。我们必须认识到，拥有数千年文明史、近14亿人口的全球第二大经济体，中国公共管理经验的理论阐释本身就是对国际公共管理知识体系的重要贡献。因此，中国公

---

[1] 夏书章：《行政管理学》（第五版），中山大学出版社2013年版，第3页。
[2] 习近平：《习近平谈治国理政》，外文出版社2014年版，第105页。
[3] 王岐山：《构建党统一领导的反腐败体制提高执政能力 完善治理体系》，载《人民日报》2017年3月6日。

共管理学科还应在"人类命运共同体"[①] 视角中提炼地方性知识生产的"全球性与普遍性",为"迈向公共管理范式的全球治理"[②] 提供中国经验与中国智慧。

## 第三节 地方性与全球化相结合的知识生产

改革开放后的中国需要公共管理学理论的指导,而公共管理学的学科也伴随着时代的进步而不断发展。夏书章教授的贡献不仅在于不失时机地将公共管理学引入中国,并用一生的精力去构建中国特色的公共管理学科体系,并且还不断探索、推陈出新,从而引领着中国行政管理学科不断发展。作为我国一位扛旗式的公共管理学大师,夏书章教授始终把推动中国行政学的复兴和发展,作为自己的责任和使命。

"公共管理学在中国"或者"公共管理学的中国化"是地方性知识生产路径中的学术关怀,这种学术关怀在理论的维度上,是对中国国家治理实践的经验概括与理论表达。如何基于公共管理学的理论智慧刻画现代中国的治国理政行为,阐释中国国家治理变迁历程中发生了什么以及这些变化何以发生,正是公共管理学本土化的重要理论使命。在实践的维度上,对中国共产党治国理政行为富有解释力的理论框架最终将落脚于中国化的行政国家实践。因此,公共管理学的本土化在本质上是寓于知识生产与治理实践相互建构的双向过程,它是中国行政国家场景中的知识体系,又为行政国家再造的中国道路提供一种理论自觉与知识指引。

学科意义上的公共管理(行政)学以威尔逊的"政治—行政"二分法的出现为诞生标志。回溯公共管理学(public administration)的学科发生史,可以发现,今天主流的公共管理话语形态是以二分法

---

① 习近平:《共同构建人类命运共同体——在联合国日内瓦总部的演讲》,载《人民日报》2017年1月20日。
② 薛澜、俞晗之:《迈向公共管理范式的全球治理——基于"问题-主体-机制"框架的分析》,载《中国社会科学》2015年第11期。

诞生以来的美国公共管理知识体系为主流。在这一学科演进历程中，公共管理（行政）经历了著名的"行政学美国化"过程。实际上，在法国、德国的法学（法哲学）传统中，行政学具有鲜明的法学传统，是一种权威性、规则化的国家管理活动。按照黑格尔的辩证法哲学路径，行政是区别于国家权力与市民社会，又同时与国家权力与市民社会发生关联的中介性存在。这与强调体现两党（或多党）竞争、三权分立等的结构性政治特征所形成的"政治—行政"二分传统显然不同，它并非一种"去政治"的专业化国家管理工具。比较"行政学产生之前"与"行政学的产生"，明晰同一学科现象的不同知识传统，其关涉知识生产的道理在于：公共管理这样一门与公共生活高度相关的应用型学科，学科的理论基础必然深受社会及其结构关系的影响。因此，任何一种理论形态都必然是对其时代情境的抽象刻画，它是历史的、场景的、可批判的。从这个意义上说，不同经典行政学理论的知识基础应当被解构，也应当被投掷于比较的历史视野中进行知识体系的反思与重构。我们正在经历的公共管理学的本土化正是这样一个过程。

因此，公共行政学自孕育之初，便具有了鲜明的地方性特征。这种地方性在知识的传播、扩散过程中又呈现了不可抗拒的"全球性"或者"普遍性"特征，而且这种全球性与普遍性始终以新的"地方性"与"特殊性"为载体，促使着公共管理学的知识形态走向成熟、饱满，也丰富着人类文明中的公共管理智慧。

夏书章教授的治学历程，正是这种"地方性与全球化"相结合的生动实践。在分析我国行政管理的宗旨时，夏书章教授在《行政学新论》中指出，"我们的行政管理是社会主义国家的行政管理"，"我们的行政管理工作是为人民服务的"，"我们的行政管理人员应该是人民的勤务员，或者叫'公仆'"。"我国的行政管理学可以形象地称为'公仆学'"，"要真正认清人民是国家的主人，要充分地发扬社会主义的民主精神"。"因此，认清并坚持群众观点和群众路线，是我们党的优良传统之一，也是科学的思想和方法，我们只有继续保持和发扬的义务，丝毫没有淡忘和抛弃的权利。"

夏书章教授十分重视行政管理学科的国际合作与交流，也积极倡导汲取国外先进的公共管理理论和实践经验。他认为，在中国正面临着国际化、市场化、城市化的改革进程中，需要学习、借鉴他人的经验为我所用。尽管国情不同、社会政治制度也不同，但我们都应该有选择和有针对性地进行参考、借鉴。

1985年8月，联合国组织在北京召开了世界不同地区的文官制度改革国际研讨会，夏书章教授作为会议顾问应邀出席。同为会议顾问的英国行政学院院长威廉普洛登博士以《英国行政管理》（约翰·格林伍德和威廉·威尔逊两博士合著）一书相赠，当时这本书在英国也刚出版不久。夏书章教授阅后，对此书十分欣赏，认为此书大有参考价值，遂动员夫人汪淑钧教授翻译。译作于1991年12月由商务印书馆出版。夏书章教授欣然在序言中对全书做出言简意赅的点评："此书理论结合实际的特点非常突出。著者贵能边叙边议，叙中夹议，叙有所据，议有所指，随时进行分析、比较，陈述利弊得失，阐明应兴应革。既对历史和现状及其演变过程有明确的印象，又对如何改善和发展前景有所思考。应用学科脱离实际固然谈不上应用，而仅仅就事论事也不成其为科学"，"著者引用的有关著作、资料共300多种……在很大程度上吸收了现有的研究成果和各家意见，但不同于人云亦云，并无新意，而是有自己的见解"，"直言不讳，如实反映是著者治学态度严肃认真、坦率忠诚的可贵表现"。上述这些评论及观点，均体现了夏书章教授进行学科建设、开展学术研究的一贯主张，他还在序中特意论及该书介绍的英国"行政监督"和"公务员的培训"是当前我国行政管理改革中的重大课题，很有借鉴价值。

又如，夏书章教授于1992年出版的《新加坡行（市）政管理》是一本很有开拓意义和研究价值的学术著作。1989年8月，夏书章教授曾亲赴新加坡实地考察，按照他自己的话说就是："时间虽然不长，但是不虚此行，收获很大。"在本书的撰写过程中，也得到了他的老友——原新加坡驻泰国大使何日华，以及曾主持台湾东海大学、新加坡南洋大学校政多年、担任新加坡国立大学东亚哲学研究所所长的吴德耀在资料和访问上的鼎力支持，使得全文的资料更加充实，与实际联系更加紧密。夏书章教授在本书的课题简释中提到："城市要在两个文明建设中发挥重要的积极作用，城市化是必然的发展趋势。行政管理和市政管理改革已经在实践中，对于不同国情的有益的经验，我们都乐于有选择和有针对性的参考、借鉴。新加坡国家虽小，社会政治制度也不同，但其行（市）政管理有着显著特点，对我们是有启发的。"在解释选题时，他指出，"作为一个国家或城市，新加坡几乎浑然一体。因而国家行政管理和城市管理（或市政管理），在很多情况下显得难解难分。所以，我们也就采取了合并研究或不至过于脱离实际的尝试"。

正是由于夏书章教授和同仁的不懈努力，使得国外先进的行政学理论和宝贵的实践经验，源源不断地流入中国，使中国的公共管理学接受了新的洗礼。同时，他还坚持在此基础上运用全球治理、人类命运共同体的思维，探讨"中国梦与人类梦"[①]的关系，从地方性出发，尝试总结和归纳中国公共管理活动中的全球性要素与普世性意义，不断推动中国公共管理学科的发展和进步。

传承与发扬夏书章教授这种坚持地方性与全球化相结合的学术风格，需要我们既根植传统资源，又面向现实的中国情境。作为历史视野、哲学视野、政治视野不足的应用型学科，需要坚持回归"政治—行政"学科基础，同时吸纳其他哲学社会科学的多元知识形态。坚持规范思辨与逻辑实证的结合、价值理性与工具理性相统一的研究路径，不断巩固中国公共管理学的哲学基础与创新方法体系。跨学科研究并不是导致中国公共管理学身份模糊的内在原因，而是学科间的跨越未能以有机性、整体性的方式回应系统性的治国理政实践。因此，建立跨越学科、跨越方法争议的包容性知识范式，真正推动学科间、流派间、方法间的对话、融合与再生产，实现理论创新，是发展和繁荣中国公共管理学必须秉承的重要思路。

当代中国的治国理政寓于大国崛起的历史进程，实践形态中蕴藏

---

① 夏书章：《全球合作治理：中国梦与人类梦》，见 http://www.rmlt.com.cn/2015/1102/407248.shtml，2015 年 11 月 8 日。

的地方性、普遍性为中国公共管理学的知识生产提供了重大机遇。中国国家治理的变迁需要富有生命力的创造性理论对其进行阐释与指引，为人类命运共同体中的全球治理提供具有重要借鉴意义的中国经验与中国智慧。这样的时代需要来自中国公共管理学的理论贡献，可以说，以体现大国学术抱负的方式参与全球治理的范式革新是每一位中国公共管理学者的时代责任与学术使命。因此，更为广阔的历史视野与学术格局必然要求知识生产的本土化，要求中国公共管理学在本土实践中完成真正意义上的范式转换与知识增长。从这个意义上说，构建起本土化的包容性知识范式，是中国公共管理学对国家治理实践的回应，是对全球治理体系创新的回应，也是抓住历史机遇实现学科成长的重要方向。

# 第九章　夏书章的学术探索对我们的启发

夏书章教授是中国当代行政学的主要开拓者和奠基人，他对自己事业的选择和他一生的学术追求，对我们加深理解和思考公共管理学科的性质和使命有着深刻启发。公共管理学科在中国尽管已取得了长足的发展，并且在当代中国的改革和发展的实践中发挥着积极的作用，但作为一门处在发展中的学科，仍有许多方面值得我们深入思考与研究。

## 第一节　治国理政与公共管理学科的定位

脱胎于政治学以来，行政学逐步吸纳了管理学、经济学、社会学、法学等学科的基础知识，逐渐演化为一门研究"如何设计与提供公共服务和政府行政的具体工作"[1] 的应用型学科——公共管理学。"与其他分离于基础学科的应用型学科一样，公共管理学在自身的发展历程中一直面临着'我是谁'这样一个基本问题。"[2] 在公共管理的学术谱系中，政治学享有母学科的地位，这也使得"政治—行政"的研究路径在较长时期内被视作公共管理的知识主流。与此同时，由于传统的管理学理论主要以企业组织为研究对象，公共管理的管理学基础又与工商管理、管理科学与工程有着紧密的知识渊源。詹姆斯·佩里（James Perry）就这一困扰公共管理学的身份顽疾甚至

---

[1] [英] 克里斯托弗·胡德：《国家的艺术：文化、修辞与公共管理》，彭勃、邵春霞译，上海世纪出版社 2009 年版。

[2] 林尚立：《公共管理学：定位与使命》，载《公共管理学报》2006 年第 2 期。

提出了"公共管理正在消失吗?"的学术疑问。按照佩里的分析,在理论的维度上,公共管理的"消失"体现为"自身的理论基础不足,导致其被置身于一个跨学科领域"。① 也正如胡德(Christopher Hood)所言,"虽然公共管理领域在近年来引起了声势如潮的大讨论,然而,在用于分析公共管理的基础知识方面,并没有达成普遍的共识"②。因此,虽然公共管理学科主要的学术谱系清晰可见,但纷繁复杂的知识脉络又将公共管理投掷于众多基础学科的研究分支或者研究领域。可以说,当前的公共管理学尚未形成库恩所指的具有严格范式特征的"常规学科"③。

夏书章选择把政治学和行政学作为自己的事业选择,源自其深受中国"修身、齐家、治国、平天下"传统文化影响,以及年少时对苦难深重的祖国的忧患之情。后来他曾这样表述他的职业选择,"我欣赏《国语·晋语》中的一句话,叫'上医医国,其次医人'。孙中山以前学医,后来搞政治,他是从'医人'转为'医国'"。他相信,在政治学领域中藏有医国之术。"我高中时成绩很好,没有选择热门的理工科,同学们都很不解。""民族要复兴,国家要兴旺,就需要医治国家的医生。"④ 从近代改革家梁启超倡导"愿我公卿读政治、宪法、行政学之书",到夏书章呼吁"把行政学的研究提上日程是时候了",都表现了中国进步知识分子将学术事业与国家发展、民族振兴紧密结合的拳拳之心和不懈追求。

对公共管理的定位和作用,夏书章教授认为,行政学主要是研究"在依法行使国家权力对社会事务进行管理的活动中,有效地组织和

---

① James Perry. "Is Public Administration Vanishing?". *Public Administration Review*,2016,76(2).

② [英]克里斯托弗·胡德:《国家的艺术:文化、修辞与公共管理》,彭勃、邵春霞译,上海世纪出版社2009年版。

③ 按照库恩的论述,范式是指特定共同体成员所共享的信仰、价值、技术等构成的整体,指常规科学所赖以运作的理论基础和实践规范,是从事某一科学的研究者群体所共同遵从的世界观和行为方式。参见:库恩《科学革命的结构》,金吾伦译,北京大学出版社2003年版。

④ http://news2.sysu.edu.cn/news03/131358.htm.

协调各种要素"的科学。在一个国家或地区中，行政管理是关系到国计民生的范围最广、最具权威性的管理，是社会进步和经济发展的推进器。"公共管理在社会发展的过程中，绝不是可有可无，而是非有不可。说得更肯定些，就是少了不行。尽管经常有这样或那样的问题、缺点，甚至存在令人难以忍受的弊端，但都是在不断地改善、改革以及包括以新代旧在内的变更中继续前进，而不是从根本上把它取消。换句话说，公共管理作为一个管理领域，其地位是牢固的和'长命'的。"① 几乎可以判断，理论上的学科身份争议并不妨碍公共管理实践的突出地位。因此，争论关涉"身份困境"的学术问题，不应当仅仅从抽象的知识传统来强行设定学科的标尺与边界。只有从夏书章教授的"应用型公共管理思想"② 出发，立足真实实践的知识生产，才能更加切近该学科的理论使命与实践关怀。按照历史唯物主义的视角，人类的一切知识形态根本上都来源于实践。马克斯·舍勒（Max Scheler）从知识社会学的角度也明确提出，"所有知识是由这个社会及其特有的结构共同决定的"。③ 这表明，一个学科的身份归属问题在更加宏大、更加深刻的背景中应当是该学科与社会及其结构的关系问题。因此，争论学科的身份归属，首要前提在于定位一个学科的社会实践基础，而非仅仅沉浸于从抽象角度讨论不同学科类型的知识传统。同时，一种知识范式又是在社会的承认中得以成长、成熟。学科知识之所以能够获得社会的承认，其合法性源于："它能够按照'逻辑性'原则，来为整个社会提供某种客观知识或真理。认知的合理性程度以及学科知识同社会的一致性状况决定了特定学科的演进轨迹，即知识生成的两个重要原则是'作为逻辑性的社会性'

---

① 夏书章：《公共管理的旧貌新颜和发展趋势——公共管理面面观》，载《公共管理学报》2004 年第 1 期。

② 张简：《在理论与实践之间：夏书章"应用型公共管理"思想及其启示》，载《中国行政管理》2016 年第 9 期。

③ [德] 马克斯·舍勒：《知识社会学问题》，艾彦译，华夏出版社 2000 年版，第 59 页。

与'作为合理性的合法性'。"① 由此观之，作为一种知识形态，中国公共管理学首先面对的就是为其提供学术源泉的公共生活实践，这种学科的知识生产必须对所处的社会环境进行符合逻辑的、理性的一致性解释。

夏书章教授曾明确提出，中国公共管理学"是一门治国理政学"②，"主要是研究在依法行使国家权力对社会事务进行管理的活动中，有效地组织和协调各种要素的科学。在一个国家或地区中，公共管理是关系到国计民生的范围最广、最具权威性的管理，是社会进步和经济发展的推进器"。③ 夏书章教授对于公共管理学尤其是中国情境下公共管理学的定位具有很强的启发性。实际上，根据夏书章教授的阐述，治国理政就是对这个学科背后社会性的高度概括，解决中国公共管理学的身份认同困境与知识增长瓶颈的真正基础，就在于丰富的国家治理实践。公共管理研究关注治国理政的重大现实问题、服务于社会主义的国家治理实践，应当是公共管理学者首要的学术旨趣。

韦伯的官僚制理论是西方公共管理学中的重要基础理论之一，但中国历史上自秦汉以来便确立了领先世界的官僚制体系。系统的官僚制理论发轫于西方学术界，而中国历史场景中却蕴含了丰富的官僚制实践。其实，科举层级制尚属冰山一角，中国历史上的国家制度变迁、政治（皇权）—行政的关系、不同时代的政策思想与体系等，蕴藏了巨大体量的公共管理学素材。数千年治国理政经验的宏大历史背景，为中国公共管理学的理论建构与实证分析提供了深厚的实践基础。近现代以来，在完成国家建构的历史任务之后，治国理政就成为中国共产党的核心使命，其领导的40年改革开放，极大提升了现代中国在全球治理格局中的地位与实力。理论问题生成于时代变迁，我们需要在学理上回答：中国改革开放的40年到底发生了什么？来自

---

① 赵超：《学科研究视域中知识社会学的理论整合与范式转换问题研究》，载《南开大学》2013年。
② 武勇：《星火燎原恍如昨 探索向前亲其事——记中山大学教授夏书章》，载《中国社会科学报》2016年2月15日。
③ 徐蔚：《夏书章：老骥未伏枥》，载《光明日报》2016年10月27日。

中国公共管理学的理论智慧应当是什么？遗憾的是，中国公共管理学同其他哲学社会科学一样，并没能够发展出形成较大学术共识并取得国际话语权的理论框架对这40年的国家、社会变迁做出诠释。"没有得到理论确认的实践，哪怕是走在一条非常正确的道路上，都会得而复失。"① 一方面，历史与现实中的治国理政实践为知识生产提供了丰富的养料；另一方面，知识生产如果不能对社会实践进行科学诠释并起到对实践的建构意义，这最终会导致知识体系不被认同，实践发展也会因此受到阻碍。正如当前的中国公共管理学，未能在历史视野中重构学术体系，也未能为转型国家治理提供理论智慧。"对于行政管理学的学习、研究，也不能只满足于寻章摘句、引经据典、舞文弄墨、坐而论道，或徒托空言，发空议论，而总要求对行政管理改革的实践有所裨益。如果不是这样，这门学科即顿失其存在和发展的价值和基础，失去其生命力。"② 夏书章教授的论述揭示出了认同困境的本质，也同时启发我们，中国公共管理学的生命力也恰恰着眼于治国理政实践中的真实问题，对其进行本土研究与国际对话。

不少研究文献对公共管理学表达了身份忧虑，这主要来自于两个方面的原因：其一，与公共管理学具有血缘关系的学科较多，这导致了该学科的问题域和研究方法与其他基础学科相互重叠，在范式上缺少足够的自主性与排他性；其二，跨学科特征突出的公共管理学，在自身的成长中尚未形成足以抗衡政治学、经济学、社会学等学科的理论形态。从治国理政的真实情境来看，中国公共管理学的跨学科特征不仅仅是一种学术身份上的内生特性，也与社会实践具有逻辑上的一致性，即复杂的治理情境自然需要融合多种学科视角的治国理政之学。对中国公共管理学科而言，流派之争或许有助于我们更清晰地认识这个学科的起源与演进，但却并不足以帮助我们建构一种根植于复杂治理情境的学术范式。因此，更加重要的落脚点在于以治国理政的

---

① 张康之：《中国道路与中国话语建构》，载《国家行政学院学报》2017年第1期。
② 夏书章：《在广东省行政管理学会成立大会上的讲话》，载《行政管理研究》1990年第1期。

实践为基础，以治国理政的问题为导向，在公共管理学的本土叙事中创造性地构建一种开放性、包容性的知识范式。

要取得中国公共管理学科的突破与成长，关键是面向发展中的国家治理实践，只有超越传统学科设置中的学术藩篱，依托问题选择与创新方法，依托问题选择与创新理论，才能获得身份定位的真正基础。在历史的维度上，治国理政的历史经验为中国公共管理学的理论创新提供了丰富的历史养料，这是一种区别于西方公共管理知识体系的内生性，决定了中国特色公共管理学的文化前提、史学根基与价值内核。

## 第二节 范式整合与学科成长

在学科的规范用语上，夏书章教授曾提出，"公共管理学的主流英文用法为'Public Administration'，而'Administration'的中文解释相对较多，'行政''管理'均可与其对应。正因如此，时下所称的'行政管理''公共行政''公共管理'应是同源同译，管理一词的另外一个英文用法是'Management'，英文文献中也有'Public Management'的用法"[①]。整体上，虽然 Public Administration（PA）有不同的翻译，但都是在政治学的学术谱系中延展出来的新型学科。而随后出现的 Public Management（PM），"是 PA 发展过程中产生的流派"[②]，即来自工商管理知识体系对公共管理学的补充与发展。不过，这种"Management"导向的学术研究在中国公共管理学的研究范式与学术评价体系中占据主流，存在舍本逐末、淡化学科使命的风险。

---

① 夏书章：《行政管理学（第五版）》，中山大学出版社 2013 年版，第 4 页。
② 竺乾威在 2016 年 6 月 22 日中山大学举办的"中国公共管理学科发展高端论坛"上针对目前的学科划分，表示公共管理、行政学均属于政治学，两者只是对 Public Administration（PA）的翻译不同，而公共管理（Public Management）则是 PA 发展过程中产生的流派，现在却被划分在了管理学的范畴。参见：中国社会科学网，公共管理学科面临"身份危机"，见 http://www.cssn.cn/sf/201606/t20160624_3083869.shtml. 2016 - 06 - 24.

在推进中国公共管理学学科发展的进程中，夏书章教授一再强调："我们的大旗是中国特色社会主义，我只是摇旗呐喊的一个老兵。"他认为，必须以转型发展的重大国家治理命题为根本关切，这要求公共管理的研究者对宏观视野中的国家制度变迁具有深刻的理解与把握。因此，回归行政学的传统，运用政治—行政的基本理论与方法开展公共管理研究，是当前发展中国公共管理学必须更加重视的学科基础。同时，现代公共管理的研究内容早已不限于政府的组织结构与运行功能，而是包含大量非政府主体共同参与的共同事务，这种外延上的拓展必然伴随着知识体系的拓展。在新的历史条件下，当代中国的治国理政是一个涵盖"政治建设、经济建设、文化建设、社会建设、生态文明建设"① 五位一体与"全面建成小康社会、全面深化改革、全面依法治国、全面从严治党"② 四个全面战略布局在内的充满高度复杂性的国家治理系统。这样庞大的复杂系统绝不是某个单一哲学社会科学视角足以把握的，必须以跨越学科壁垒、跨越方法体系的新型知识形态对其展开全景式、多维度的综合分析。恢复重建以来的中国公共管理学在跨学科研究方面取得了重大发展，越来越多的基础学科理论被应用于公共管理研究。如果从范式的角度审视，当前的问题在于来自政治、经济、社会、心理、法学等基础学科的研究视角未能形成有机统一，仅将公共管理问题作为原有学科路径的一个研究领域。因此，坚持多元视角，并真正坚持多元视角的对话、融合与再造，才是中国公共管理学强化理论基础的路径所在。综上，立足传统的学科知识，积极吸纳并整合多学科视角，是强化学科身份认同、重构中国公共管理学知识体系不可偏废的两种理论创新之路。

价值理性还是工具理性？思辨研究还是实证研究？沃尔多与西蒙间著名的行政学争论表明，这一对立维度的两极平衡是公共管理学科面临的永恒难题。自 20 世纪 40 年代以来，强调逻辑实证主义与强调

---

① 胡锦涛：《坚定不移沿着中国特色社会主义道路前进 为全面建成小康社会而奋斗》，载《人民日报》2012 年 11 月 9 日。

② 中共中央文献研究室：《习近平关于协调推进"四个全面"战略布局论述摘编》，见 http://theory.people.com.cn/n/2015/1109/c40531-27791878.html，2015 年 11 月 20 日。

公平、民主等原则的价值理性伴随着学科身份争议始终存在于公共管理学科的发展历程之中。与政治学行为主义流派的兴起相呼应，西蒙强调行政学研究中的价值无涉性，主张以理性、实证、效率、科学等思想改造公共管理（管理）学。而沃尔多则认为，"决策即从备选方案中进行选择，而选择的过程正是价值导入的过程，因此不存在价值无涉的决策"。① 学科史上的范式之争对今天的中国公共管理学而言，具有重要的启示意义。

拥有成熟的基本理论是一个独立学科的重要标志。夏书章教授非常重视公共管理学科的基础理论建设，他在《行政管理学科研究顶层设计问题刍议》一文中指出："'摸着石头过河'是一句众所周知比较形象和通俗易懂的说法。'过河'的目的一定要达到，'过河'的决心不能动摇。但是，在情况不明、心中无数，尚缺其他可以利用的条件之际，'摸着石头过河'不失为积极、稳妥、可取的行动。当然并非长远如此，而是在与此同时，逐渐弄清'河'的深浅、宽窄等有关信息、数据，掌握游泳、建桥、造船、架构缆车、利用航空器等技术，'过河'就会更方便。可见，在具备相当好的基础以后，改革发展之路必将愈走愈宽。这是渐入佳境的规律，还要进入更好的境界。关键在于，所有各相关方面都要达成共识和继续共同努力。"夏书章教授所强调的"共识"，就是公共管理的基本导向和价值取向。他积极倡导在中国特色社会主义理论指导下的理论创新，他说，"有人建议建立中国特色社会主义行政管理学派，我认为如果能真正和确实做到这一点，那就值得自豪了"②。在国家治理实践迅速变化与基础理论供给不足的情况下，中国公共管理学界要尤其重视影响公共管理理论和实践的那些基本理念、基本价值的相关学科的培育与知识积累，才能用丰富、深刻的价值理性引领中国公共管理的改革与研究。

另一方面，逻辑实证主义的方法论原则在学科发展历史进程中起

---

① Waldo, D. Development of Theory of Democratic Administration. *American Political Science Review*, 1952, 46 (1).

② 倪星、夏书章：《中国行政管理学的历史与未来——专访夏书章教授》，载《公共行政评论》2012 年第 5 期。

到了极大的推动作用,实证量化的研究路径也在事实上推动了公共管理学研究的规范化,对于成长中的中国公共管理学而言,同样意义非凡。夏书章教授同样重视实践和方法对公共管理学科的意义。他反复强调,"行政的实质在于'行',或者说行政的要害、关键、精髓与根本在于'行'"①。他说:"对于行政管理学的学习、研究,也不能只满足于寻章摘句、引经据典、舞文弄墨、坐而论道,或徒托空言,发空议论,而总要求对行政管理改革的实践有所裨益。如果不是这样,这门学科即顿失其存在和发展的价值和基础,失去其生命力。"②同时,夏书章教授一直主张以开放的心态吸收其他学科的前沿理论与研究方法,创新研究手段与工具,做到"为我所用",服务于公共管理实践。

实证研究中的定性与定量的方法论之争存在于公共管理的学术研究之中。需要看到,即便来自管理学流派的知识生产方式存在历史视野、哲学视野、政治视野不足的弊病,但却在近些年的发展潮流中极大丰富了公共管理的研究领域与方法体系,并在形成共同学术范式方面发挥了重要作用。进一步,随着断点回归、倾向值匹配等统计优化方法的兴起以及大数据、实验研究、混合方法等实证方法的创新发展,中国公共管理学的成长正面临"超越定性定量之争",③ 获得理论增长与范式创新的重要机遇。在这方面,我们仍需做极大的努力与探索。

## 第三节 新时代中国公共管理学需要深入研究的几个问题

回顾自己的学术生涯,夏书章教授在90岁生日时曾以一首"抒怀诗"来表达他由衷地感慨:"生不逢时老逢时,耄耋欣幸历盛世。"

---

① 夏书章:《行政的实质在于行》,载《人事与行政》1989年第6~7期。
② 夏书章:《在广东省行政管理学会成立大会上的讲话》,载《行政管理研究》1990年第1期。
③ 唐世平:《超越定性与定量之争》,载《公共管理评论》2015年第4期。

这句诗也是夏书章教授学术生涯的真实写照,他真正的学术青春和学术繁荣期是从 70 岁以后才开始的,至今,夏老仍学习不止、思考不息、笔耕不辍。他对自己的要求是"做学问一定要认识到自己的渺小与不足,不断地读书、充电和加油。我从来不同意'人到中年万事休''七十老翁复何求'这类说法,只要一息尚存,我就会在学术道路上继续前行"。① 夏老的这种在学术探索上不断进取、永无止境的精神,值得我们这些公共管理的晚生后学继承并且不断发扬。

公共行政学科重建至今,已有近 40 个春秋,在学术文献爆发性增长的同时,中国公共管理学遭遇的以"身份危机"为核心表征的学科困境依旧存在。传承和拓展夏书章教授的学术思想,我们认为,作为具备综合性、应用性的学科,公共管理学的学科外延在事实上与政治学、经济学、管理学等学科的研究对象存在较大的叠合空间,但学科自主性的来源并不是研究对象的隔离与分区,而是在研究中形成的差异化的学理解释。这种学理建构的真正基础恰在于中国特色的社会结构及其相互关系。可以明确的是,中国公共管理学与主流西方公共管理知识体系关照的现实问题无法完全一致甚至部分内容存在较大差异,对这些现实问题进行开放性、批判性的理论建构将使中国公共管理学获得重要的学科成长。进入习近平中国特色社会主义新时代的中国公共管理学,在"政党—国家—政府—社会"的维度上,至少面临着如下需要深入研究的基本问题。

## 一、执政党的制度体系对国家行政管理活动的影响

如果从"政治—行政"的维度来把握公共管理,国家的综合政治形态从根本上决定了公共管理活动的方向、形式与内容。近现代以来的特殊历史轨迹塑造了中国共产党特有的领导属性,这一现代中国的根本政治背景决定了党的制度体系对国家行政管理活动全面而深刻的建构力。因此,中国公共管理学的学科成长亟待更加重视执政党建

---

① 马立明:《记中国行政管理学著名专家、中山大学教授夏书章》,见 http://news2.sysu.edu.cn/news03/131358.htm.

设的研究，党的十九大明确提出，面对新的时代课题，必须继续巩固中国共产党"最高政治领导力量"的执政地位，把党的领导落实到一切工作当中去，贯穿到经济社会的各个领域、改革发展的每个环节，确保党始终总揽全局、协调各方。这是中国特色公共管理学面临的重要研究主题。

### 二、中国共产党人的执政价值形态与中国公共管理的价值理性

在执政党的话语系统中，"人民性"始终是国家治理追求的根本价值理念。正如习近平总书记在党的十九大报告中指出的那样，"人民是历史的创造者，是决定党和国家前途命运的根本力量"。为此，新时代坚持和发展中国特色社会主义，就必须坚持人民主体地位，坚持立党为公、执政为民，践行全心全意为人民服务的根本宗旨，把党的群众路线贯彻到治国理政的全部活动之中，把人民对美好生活的向往作为奋斗目标，依靠人民创造历史伟业。与西方文官制度标榜的所谓"政治中立"不同，中国的公务员制度始终秉持和遵循中国共产党的价值理念。我们在研究中国公共管理的价值理性时，其人民性原则中的制度逻辑与政策体系是应当被认真建构的话语路径。

### 三、公共治理中的社会主义民主发展

中国共产党领导的社会主义协商民主，倡导完善治理过程中协商制度的建构，倡导维护基本权利基础上的政策共识，它是实践理性中的意见妥协与政策均衡。转型背景的公共治理、政策过程蕴藏着大量的实践案例，如何从丰富的治理实践中概括出理论原理并提供结构化或具体化的制度方案，是新时期中国公共管理学在回应国家治理基本问题上的重要课题。

### 四、政府职能转变中的制度创新与理论建构

改革开放特别是党的十八大以来，政府职能转变始终是现代中国行政体制改革的重要内容。这种职能转变遵循的理论逻辑应当如何？

这种具有中国特色理论内涵的解释路径带来的政策启发是什么？作为传统行政管理研究的核心对象，政府职能转变、政府创新等在新的国家治理变革情境中的规律性特征及其走向，是发展和繁荣公共管理学科必须正视的中国问题。

### 五、社会治理过程中的"国家—社会"关系

区别于传统行政管理，第三部门治理是公共管理学科关注的重要内容。政治学给出了众多较为成熟的理论流派解释不同社会发展模式中的"国家—社会"关系，但对中国这样一个"一元主导、多元合作"的特殊治理格局，社会建设、国家能力等传统政治学概念在公共管理中的发生及演化逻辑应当如何？来自公共管理的理论回答将是该领域研究中重要的中国智慧。

### 六、合作治理的逻辑、路径与制度供给

现有的文献已显示出合作治理工作为新的治理理念推动着国家治理的变革与发展。从政治哲学层面的"主体间性"到政府公共服务供给的有限性，公共生活的交往理性与政府、市场、社会不同主体优势互补，合作治理既体现为价值，也体现为工具。进一步阐释公共管理活动中合作治理实践的逻辑、路径与制度供给，是切合当代中国公共治理鲜活实践的重要理论关怀。

### 七、人类命运共同体思维中的比较公共管理学

比较研究是要透过现象看本质，阿尔蒙德的比较政治学用角色替代了职位就是这个道理。人类命运共同体思维中的公共管理研究，越来越强调在比较的维度中正视中西公共管理间的共同规律与差异的内在机理。诸如，我们建设服务型政府是否肇始于新公共服务理念？我们的简政放权转变职能是否在学习新公共管理运动？我们的供给侧改革是否来源于供应学派？等等，这些问题的回答都是中国公共管理学获得自主性的必经过程。

当代中国的治国理政寓于大国崛起的历史进程，实践形态中蕴藏

的地方性、普遍性为中国公共管理学的知识生产提供了重大机遇。中国国家治理的变迁需要富有生命力的创造性理论对其进行阐释与指引，为人类命运共同体中的全球治理提供具有重要借鉴意义的中国经验与中国智慧。这样的时代需要来自中国公共管理学的理论贡献，可以说，以体现大国学术抱负的方式参与全球治理的范式革新，是每一位中国公共管理学者的时代责任与学术使命。因此，更为广阔的历史视野与学术格局必然要求知识生产的本土化，要求中国公共管理学在本土实践中完成真正意义上的范式转换与知识增长。从这个意义上说，构建起本土化的包容性知识范式，是中国公共管理学对国家治理实践的回应，是对全球治理体系创新的回应，也是抓住历史机遇、实现学科成长的重要方向。

# 结　　语

　　1919年1月出生的夏书章教授，即将迎来百岁华诞。夏书章教授的学术追求起源于探求民族复兴的家国情怀。这位百岁老人见证了国家命运的危难与崛起，见证了与国家命运深刻相关的公共管理学遭遇的中断、重建与复兴。夏书章的名字，是与中国行政管理学联系在一起的，他的经历就是一部中国行政管理学的"活的教科书"。可以说，夏书章教授的人生经历是近现代中国历史与发展的缩影、是中国公共管理学重建与发展的缩影，他个人的学术史也是中国公共管理学的学科演变史的一个版本。

　　作为中国公共管理学科的后辈学人和夏老的学生，我们没有资格为夏老作传，更没有资格和能力对他的家国情怀与学术贡献进行评价。我们只能通过学习夏书章学术思想的方式，谈一些我们的学习体会，以表达我们对这位传奇式的世纪老人的崇高敬意。在这本书里，我们试图通过学习，系统地梳理夏书章教授的学术道路、学术思想和学术贡献，其中不少内容来源于近年来我们自己及同仁们公开发表的学习夏老的一些文章，主要有《夏书章学术思想述评》（见《夏书章与中国公共管理学》，中国社会科学出版社2008年版）、《夏书章的学术精神与品格》（《中国行政管理》2008年第4期）、《为中国行政管理学科的重建奠基领跑》（《中国行政管理》2012年第1期）、《直面中国公共行政学的真问题——夏书章行政学研究的品格与情怀》（《中国行政管理》

2016年第11期)、《面向治国理政的知识生产：中国公共管理学的本土叙事及其未来》(《中国行政管理》2017年第9期)。夏书章教授的一位老学生林鸿荣教授（已故，生前系广东省经济管理干部学院教授）为纪念夏书章教授八十寿辰，在20年前曾比较系统地整理了夏老的学术资料；中国行政管理学会高小平研究员、清华大学任剑涛教授、中山大学陈瑞莲教授、中山大学倪星教授等也为研究和阐述夏老的学术思想做出了贡献；西安交通大学博士研究生吴佳、刘莹莹、张保星、石佳、王琼、胡向南等参与了本书的框架讨论、文献整理和部分写作的工作，尤其是吴佳不仅为本书的编排、写作做了大量的具体工作，他也是《直面中国公共行政学的真问题——夏书章行政学研究的品格与情怀》等文章的合作者。在本书的成书过程中，中山大学政治与公共事务管理学院以及肖滨教授始终给予了大力支持和帮助。在这里，我们一并表示衷心的感谢。

致敬夏书章教授这位扛旗式的学术人物，不仅要传承其对学科建设的理论贡献，更要将其隐含在事业历程中的家国情怀与学术思想发扬光大。夏书章教授的家国情怀正是公共管理学人孜孜以求的公共性，这种对公共价值至死不渝的追求始终是我们进行学术研究、人才培养、社会服务的精神家园，也将是我们发展和繁荣中国公共管理学的真正的价值依归。